財富管理達人
李紹鋒 著

FinTech

Payments
Insurance
Deposit & Lending
Capital Raising
Investment Management
Market Provisioning

財富管理達人李紹鋒
教你用FinTech小錢致富

均富革命

支付＋保險＋存貸＋籌資＋投資管理＋市場資訊供給

【前言】
都什麼時代了，你的理財觀念還停在遠古嗎？

什麼是最佳的理財方式？

你「現在」所懂得的理財方法，都是最佳的方式嗎？

想想以下這種情境：

在某個鄉下地方，有三位「理財達人」在比看誰最厲害。

甲說：「我上個月請了鐵匠阿威，精心幫我打造了一個新的保險櫃，堅硬無比，現在錢放在裡頭，更加安全啦！」

乙說：「你真是死腦筋耶！保險櫃重點不在外殼硬不硬啦！重要的是鎖吧！外殼再怎麼硬，會開鎖的小偷只要花幾秒鐘就破壞你的鎖頭，再硬有啥用。我家的保險櫃鎖都是好幾重機關的，這才安全。」

丙則是用一副很不屑的表情看著這兩個朋友：「拜託喔！你們在談什麼啊！都什麼時代了，你們的錢還放在自家保險櫃？現在我的錢都放在農會幫我保管了，他們有保全人員，如果真的哪

天出事，錢被搶或火災也不用擔心，農會會賠給我。」

　　此時一個外地人開車迷路，來到這個鄉下，看到這三個人，於是趨前問他們哪裡有 ATM？他要去提款幫車子加油。三個人露出莫名其妙的表情，「ATM 是什麼？」外地人看到這三個人的表情，以為這裡沒提款機，接著就露出懊惱的表情說，如果不能提領現金，希望這邊的加油站可以刷卡。三個人更加莫名其妙了，「刷卡？刷卡是什麼東西？」

　　當觀念如此天差地遠，這個外地人連想要解釋都難，因為根本已經是兩個世界的理財觀了。

　　當然，以上是極端的例子，現代人就連幼稚園孩童都知道什麼叫 ATM，什麼叫信用卡，不會有人那麼沒常識，連這些基本的金融用語都不知道。

　　但是且慢，請問什麼叫做常識？在一個觀念尚未流行前，所有的常識也都經過一段發展時期，在那個時候，只有走在觀念尖端的人，才懂得那些資訊。

　　時光倒退三十年，在一九八〇年代，國內雖然已經有信用卡了，但當時的發卡率很低。事實上，「信用卡」這名詞是一九八四年以後才有的，在那之前叫做「簽帳卡」。現代人耳熟

能詳的「VISA 信用卡」，是在一九八九年後才引進臺灣的，至於花旗以及美國運通等國際發卡銀行開始普及，都是九〇年代後的事。

在最早時候，手中擁有信用卡是一種地位象徵。由於裝置刷卡機的店家很少，只限一些高檔的消費場合，與其說信用卡是「理財工具」，不如說是「炫富工具」。

真正信用卡變得「實用」，是隨著刷卡機器越來越普遍，乃至於到後來已經成為店家的基本配備之一，同時間，擁有信用卡的人數也越來越多，甚至連一個中學生手中都可能有好幾張卡。唯有當市場規模形成後，整個金融體系才變得百花齊放，各式各樣的信用卡制度及行銷招式一一出現。

有些行銷只是不實用的噱頭，有些後來卻衍生出新的理財習慣。例如機票里程累積、刷卡滿額禮、紅利點數兌換、異業合作聯名卡、刷卡做公益，乃至於信用卡會員日、循環信用、代刷其他公司卡費……等。參與信用卡的機構，由原本的銀行拓展到各大金融機構連同保險公司，後來更有許多企業集團發行聯名卡，校園、廟宇、社團紛紛加入這個遊戲。直到這個時候，信用卡才變成婦孺皆知的「基本常識」。

但如同各種金融工具的基本原則，一個新工具誕生前，它

只是個「概念」。信用卡的概念是「預先消費，由第三方代為支付」，往後不論信用卡怎麼發展，都不脫這個概念。

如今，信用卡仍在不斷發展，只是搭配整個大環境而有更多的應用，第一代晶片式金融卡誕生於九〇年代，之後防偽方式不斷更新。因應網路時代，開始有了網路刷卡的新型態。一開始詐騙案件頻傳，大部分人都不敢在網路上消費，但是到了今天，網路刷卡已經非常普及，幾乎每個人都曾有網路刷卡訂貨的經驗。

近幾年來，信用卡發展到可以透過手機刷卡，包括 Apple Pay、Google Pay、LINE Pay…… 等 HCE（Host Card Emulation，主機卡模擬）行動支付平臺等陸續登場，如果有人還不懂什麼叫手機信用卡，可能就有人會反問：「都什麼時代了，你還不懂這個？」

但還真的有人不懂，這裡說的不是別人，而是我們自己。

曾幾何時，信用卡也已經落伍了，刷卡？現在人拿著手機就可以做很多事了，不只付錢、轉帳，也可以買基金、買保險，甚至還可以借錢給別人。就如同前面說的那個故事，某丙以不屑的語氣，認為別人都落伍了，完全不懂理財觀念，但結果連同他在內，甲、乙、丙三個人統統都是井底之蛙。

比起甲、乙、丙三個人，那個外地人有比較高明嗎？

也許比起鄉下人來說，他是個文明人，但他其實也只懂得基本的理財工具而已。

同樣的，我要問這個問題：

都什麼時代了，你的理財觀念還只停在遠古嗎？

這裡提的只是信用卡的例子，很可能就有一些術語讓很多人聽不懂了。理財還有許多領域呢！不論是存款、保險、借貸、基金、消費、投資……都有很多領域，甚至有的連「領域」本身我們都不熟悉，例如什麼是 FinTech ？什麼是 P2P 平臺？

其實也不要沮喪，任何觀念在一開始的時候，大部分的人都不熟悉，而且這裡的大部分，很可能是占全民比例 99％以上，在這麼高比例的不熟悉情況下，一個人不懂某些理財觀念，也是情有可原的。這些「不懂」的人，可能包括社會菁英，例如公司老闆、律師、大學教授、醫師等等。

舉個例子吧！直到 2017 年，在臺灣，當我們去公共場所聽大家聊天談理財，他們談的理財模式，還是不脫以下的模式：

- 把錢定存在某家銀行，分析比較哪家的定存利率較高。
  當全世界的定存利率越來越低，甚至發生負利率的情況

時，他們也只能垂頭喪氣，不知道該把錢放哪裡。

- 購買保險，在臺灣幾間大公司之間比較，包括保額、投報率、險種等等，但卻從來不知道臺灣的保費偏高，投報率則屬一般。

- 透過證券公司買賣股票，每天打開電視看股票跌停板，聽名嘴分析，然後在有限的幾支股中，挑選認命以及唉聲嘆氣。

- 不論南北，在臺灣各地時興各種演講，講股票的、講房地產的、講基金操作的，以及各種理財規畫建議，就連那些所謂的大師們，講的內容仍不脫舊有的理財模式。

#浪擲歲月——終有一天會慢慢跟上

以上只是在臺灣，但若去到中國，就已經完全是另一種境界了。現今世界已經走上 FinTech 時代，金融環境已經持續在變，各種新的理財應用已經誕生了。

也許有人會說，沒關係，反正終有一天，這些金融知識都會變成「基本常識」，我們急什麼？

重點是每個人的時間有限，我們有必要賭上自己的青春去「慢慢跟上」潮流嗎？每當有新的觀念誕生，總是那些走在觀念

之先的人，可以享受到情報的好處，可以最先透過新工具賺取利潤，可以最先避開各種金融損失。

其實很多的金融知識，已經開始出現在一些專業的雜誌上，但各種專有名詞仍距離大家有一段距離。

什麼叫 FinTech？什麼叫機器人理財？什麼叫 P2P？什麼叫逆向抵押房貸？

就連日常生活常用的 ATM，也已經逐步變身。你是否有注意到，許多提款機可以進行無卡提款，只要在手機上操作設定就能提款。還有你知道嗎？就算是在臺灣的便利商店，也可以跨國提領，以這個角度來說，在全世界投資理財，都可以在臺灣提領現金。

理財的領域越來越多，唯有跟上新的金融趨勢，才能守住你的未來。

現在，再回到前面那個故事，對於專業理財人士來說，也許在他的眼中，你就像那三個鄉下地方的甲、乙、丙一般，理財的觀念與他是處在兩種完全不同的世界。

現在都什麼時代了？讓我們成為跟得上時代的人，為自己的生活創造最大的可能。

目次

PART3

運用科技讓你賺更多

PART 1

FinTech 理財基本觀念篇

找出你的理財九宮格

第一章　建立你的理財基本觀

談錢太俗氣？但不談錢，什麼理想都是一場空。

如何賺錢？人人各有一本經，但賺來的錢如何運用？就是各憑本事，甚至各憑運氣了。

依照中國傳統道德訓示，積沙成塔、滴水穿石、愚公移山、有志者事竟成。所以，老祖宗的智慧，要我們安分守己、克勤克儉，上天會照顧積善之人，祝他們年年有餘，米缸滿滿。

來自傳統「士農工商，商居百業之末」時代的訓示，記取基本精神是可以的，但要從中承襲理財智慧，可能就有點食古不化了。那麼現代人如何理財呢？

⑤ 最現代的理財觀——變是唯一的不變

所謂「盡信書不如無書」，任何你看到的書本知識都是「過時」的，包括科學統計數字、名人觀念、理財實務案例，在你翻開書本的當下，那些都已經是發生的事。就算是學者，也可能只專注在他所屬的領域，沒能抓住最新的觀念。

好比說三十年前，一個民間標會專家，若他只懂這個領域，那麼過個幾年，他的領域就會被其他銀行借貸、信用卡借貸等淘汰。而這十幾二十年來，許多曾在銀行及證券公司光鮮亮麗的經理人，一個個面臨金融變局，他們的工作逐步被機器取代。而原本單一業務的事務人員，也被時代逼著要從事多元業務。好比現在大家都知道，當你去銀行辦事，明明只是補個摺，但承辦人員卻可能和你推銷銀行貸款，甚至向你賣保險、海外基金。

而這樣「長江後浪推前浪」的情事將持續發生，甚至已經不算是「事件」，而是隨著時間進展一定會發生的「定理」。

當盡信書不如無書，但我們又必須持續學習成長時，該怎麼辦呢？

身為一個理財講師，每當有學員問我，什麼是「最好」的理財方式，我總是告訴他兩個答案：

1. 沒有所謂「最好」的理財方式，依照每個人不同的生涯

規畫、獲利模式、個性保守與否、風險承擔能力，以及
整體經濟背景，如所處行業以及是否有家族支援等等，
針對不同的人，會有不同的理財建議。所以嚴格來說，
雖然「理財觀念」可以逐步累積，但「理財規畫」卻沒
有一體適用的通則。

2. 「今天」對你最好的理財方式，可能下個月就落伍了。
過去你認為不可能的理財作業，也許明天就變成普遍的
應用模式。理財是種「持續的」研習，沒有任何一個學
院可以用任何證書，保證你處在最佳的理財狀態。

也就是說，理財這件事永遠處在變動的狀態中。

任何時刻，你只能學到「目前為止」最新的理財觀念，但任
何知識都不保證可以用到明天。所以，學習這件事似乎失去意義
了，至少就理財領域是如此。但真的是這樣嗎？其實理財的學習
很重要，因為以下兩個要點：

一、唯有夠堅實的基礎，才能承載更多的新知

理財是逐步累積的，任何的理財觀念，都是在舊有的觀念基
礎上拓展的。

　　就算有了新的理財領域，也必須和舊的理財領域結合。就好比「信用卡」這個術語及觀念，在最初也是全新的觀念，但其背後仍需要支付、還款等基本的理財觀念作支撐。

　　一個總是勤於吸收理財新知的人，也是最容易抓住金融趨勢的人。試想，今天一個連基本的網路理財都不懂的人，忽然跟他提線上交易、網路下單等術語，他一定聽得一頭霧水。

二、學習是一種習慣，習慣的養成比聰明才智重要

　　以開車這件事來說，跟聰明與否有關嗎？姑且不論專業的賽車手，如果單論日常生活中在都會區開車，習慣比起聰明才智更為重要。一個習慣開車的人，可以邊想事情邊吃東西，手仍然「自動自發」的操作車子，甚至反應比腦子還快。相信很多人都有這樣的經驗，當把車子開進停車場，要他回憶剛怎麼把車子開進來的，他卻想不起來。

　　理財也是這樣，一個平常不關心理財訊息的人，要他突然研究理財，學起來一定很痛苦。如果能平常就養成關心理財訊息的「習慣」，當有任何新的理財觀念時，他會比平常人更容易接受學習。

　　因此，持續的學習是重要的，理財書籍也必須持續閱讀。

　　但身為一個理財講師，同時也是人生效率學傳授者，我一向服膺經濟學的原理，就是在有限的時間內，就最有效率的事。以理財來說，既然理財知識不斷推陳出新，今天的學習新知可能明天就變學習舊聞，怎樣的學習才是最有效率的呢？

　　對於理財以及生活中的各種應用領域，不論是學習、娛樂、事業等等，我認為擁有好的模式，是提升效率最佳的方法。

　　這個好的模式，就是「九宮格模式」。

　　就好比九九乘法表，不論時代怎麼改變，就算有一天人類登陸火星，九九乘法表依然有用。

　　我推薦的「九宮格應用法」也是如此，不論理財觀念如何改變，這個模式都一律適用，只是配合新的理財知識、新的理財工具，會將九宮格內容做修正而已。

$ 九宮格應用法

什麼是九宮格？任何人都可以畫出來，如下圖所示：

這個九宮格有什麼好處呢？不過就是九個空格而已。

但就是這個九個空格，可以提升你的生活效率。

為什麼，因為九宮格有以下四大功能：

一、基本提醒功能

現代人每天日理萬機，就連中學生都可能有滿滿的行程表。

當事情多的時候，就會發生兩個狀況，一是遺忘，二是忙亂。

所謂遺忘，東西太多了，難免忘東忘西的，做好這件事漏掉那件事，然後搞得自己心浮氣躁的。所謂忙亂，當面對事情時千頭萬緒，有時候面前看似有一百件事，結果不知從何著手，一個人只能愣在那邊，反倒一件事都做不了。

當手邊有個九宮格，就可以一目了然的做到提醒功能。一張表，同時顯示各種提醒。根據實驗，九宮格是最方便的方式，比起條列式清單，或者一張張便條紙，這張九宮格表最可以一眼就做到所提醒功能。

早上		
中午		
晚上		

二、效率簡化功能

　　不是有句話說，太多的資訊就等於沒資訊。所以對情報使用者來說，最喜歡的狀態絕不是「資訊越多越好」，而是「有效的資訊留存就好」。試想，若以條列式，要你列出工作的注意事項，可能可以條列出一百多條以上，但有用嗎？太多了，反而不會去看，不會去看的資訊，就等於無用的資訊。但九宮格不同，不論資訊再多，這個表格都要磨練你去思考簡化。

　　每個九宮格一定要經過你自己研究過，才能定案，一旦定案就可以成為對你生活很有幫助的工具。當然，這個表格還是可以修改的，但加一個就要刪一個，永遠保持自己在簡化及「實用」的狀態，這是最有效率的狀態。

買房決策九宮格

交通	治安	醫療
空氣品質	教養	好鄰居
嫌惡	做菜	咖啡香 / 健身

三、舉一反三功能

如果單單把九宮格當作是一種提醒工具，那就已經可以對生活效率提升有幫助了。但九宮格其實還有一個更大的功能，那就是「刺激思考」的功能，這個功能是其他工具難以比擬的。

若用傳統條列式或檔案分類式，每個資訊都只是「個別」情報。例如，這個檔案放的是理財，那個檔案放的是教育，這兩個領域各不相干。但透過九宮格，卻可以產生「聯想」的效用。

當看到教育，再看到理財會想到，如果「理財＋教育」會如何，或者評估一件事的時候，當透過九宮格，可以想到，這件事若放在教育會這樣，但如果加入另一個元素，又有不同的考量。透過九宮格所帶來的聯想效益，是其他管理工具難以企及的。

四、習慣培養功能

如同前面說過，好的習慣培養，可以帶來生活效率。一個原本就懂得思考分析的人，一旦養成習慣，就可以永遠保持對新資訊的觸角，永遠開放一顆心去吸收新知。相反地，若平常沒有這種習慣的人，遇到事情就會傾向不要惹麻煩的心態，多一事不如少一事，或者習慣性的偷懶，有新知？跟我有什麼相干？以後再說吧！當同處一個機構同樣職位的兩個人，一個永遠吸收新知，

一個只想維持現狀，一年兩年後，一定會分出很大的差別，兩人程度有很大的差距。

習慣的養成不易，初始要靠毅力，但除了毅力外，若搭配有好的工具，也對好習慣養成有很大幫助。九宮格就是一個很好的工具，可以刺激思考，時時提醒一個人要維持新知。

一張簡單的表格，就可以改變你的一生。

這樣的九宮格，可以適用在人生的各個領域。

我鼓勵讀者可以建立屬於自己的九宮格。

由於本書的重點不是在教授生活管理，因此這裡不做更多的九宮格應用敘述。但本書將透過九宮格的模式，介紹各種領域的理財觀念與理財訊息。相信讀者在這個過程中，一方面可以學到理財觀念，一方面也會對九宮格的應用更加熟習。

這也是我一貫喜歡的效率方式。

傳授一項知識的同時，也連帶做到了其他的教育。幸福人生不用刻意去找效率，但當效率成為生活習慣時，任何可以一點不必勉強的，就讓自己選擇最好的模式。包括理財、家庭、事業、教育，乃至於娛樂、人際關係、甚至精神生活，都是如此。

以下就開始以九宮格來分享理財觀念。

第二章　掌控自己的理財效率學

談起效率，你所認知的效率是什麼呢？

首先，要看每個人的價值觀，這點非常重要。

適合甲的，不一定適合乙，適合乙的也不一定適合丙。就算是同一個人，也是此一時也彼一時也，今天適合甲的，也許明天又變成不適合甲了。

最原始的效率定義，就是可以用最少時間完成最多事情的人。

表面上，最快及最早到達的可以好處先拿，不是有句話「早起的鳥兒有蟲吃嗎」？但這世界，有一理，就可能有另一相剋之理。同樣前面那句話，也可以被改成「早起的蟲兒被鳥吃」。

我們看史書，兵戎交接的戰場上，衝太快的部隊，有可能落入敵方的袋型陷阱裡，落得全軍覆沒的下場。原以為最快的，反倒最後什麼都沒有。以效率來說，結果既然是零，那當然就變成最沒效率了。

在生活中也有很多這類的例子，好比說馬拉松賽跑，一開始

衝最快的人，反而最快耗盡體力，先盛後衰，最後甚至無法跑完全程。新商品推出，也許可以搶攻市場第一品牌，也的確很多商品因此一炮而紅，但卻也多的是反面例證，商品太早推出，民眾無法接受，結果最早推出落得賠本的下場，反而隔一、兩年，民眾觀念接受了，這時第二家、第三家推出的，卻能大發利市。

　　所以效率是什麼？

　　我覺得不可以用單一面向看待，必須針對每個人的個性、所處環境，以及當時的時代趨勢，做整合的搭配，這樣才能調整出最適合每個人的效率。

Ⓢ 用效率學來重新看待理財

在本系列第一本書《一生幸福的人生企畫書》，我曾列出效率學基本三大定理。這裡也再和大家複習一次：

第一、效率就是要在同樣的時間，同樣的付出之後，達到最大的效果。

第二、效率的基本立場是要做到兼顧，若過程中犧牲了重要元素，沒做到平衡。這樣的效率，是不及格的效率。

第三、效率的定義是要橫跨長遠的時間，若短期內有效率，但長期是負面的，這樣的效率是錯誤的效率。

本書以理財的角度切入，特別是面對當今 FinTech 時代，我們要以新的思維來看待理財這件事。就讓我們依照效率學三大定理，一一來做檢視。

#同樣的付出，要達到最大的效果

談錢太俗氣，但沒錢什麼事都不能做。有錢很好，但有多少錢才夠？

大家都曾聽過守財奴的故事，在生前，守財奴為了省錢無所不用其極，省到一點生活品質都沒有，到頭來，生命終了。擁有一屋子錢無人繼承還不全都被政府充公。所以：

錢不是「越多越好」的概念，而應該是「越能滿足」的概念。

以本定理來說，讓我們先來看看，什麼叫做「最大的效果」。如果理財的主人翁是一個未成年的少年，理財最大的效果應該是先將錢守住，將錢初期用在教育金，之後到一定年紀，當這個少年成熟了、眼界放寬了，再讓他有更多理財權限。

如果有一筆千萬的財富，在他十歲時就全部交給他，那可能到他十八歲前，錢早就都被騙光或花光了。所以前期守為主，後期再來做多樣應用。

如果理財的主人翁是個五、六十歲的中老年人，那他理財的重點可能放在如何退休養老。當年老體衰，一方面已經無力賺錢，一方面身體各種毛病一直來。此時的理財也是門學問。若一味存錢，都已經中老年人還無法享樂，那年紀更大時就更無法享受了。但若即時享樂，錢花光了，退休就會變成孤苦老人。

同樣的，不同背景的人該有不同的理財規畫。例如，以一個極端的例子，若某個人被醫生宣告得了不治之症，只剩半年可活，另一個人是結婚兩年，剛聽到醫生宣布，他快要當爸爸了。那麼這兩人的理財選擇一定不同。

　　所以，在理財前，我們要先界定，對自己來說什麼是「最大的效果」？請問問自己下列幾個問題：

1.希望幾歲退休？

　　退休後的人生是環遊世界呢？還是悠遊山林？環遊世界的成本，可能是悠遊山林的好幾倍。

　　若選擇歸隱山林，則可能比悠遊山林更便宜些。

　　無論如何，要先想好結果，才能反推效果。

2.未來人生的用錢高峰期如何分配？

　　依每個人年紀狀況，高峰期可能不同。

　　如果你是剛畢業的青年，未來可能預計 30 歲結婚、35 歲當爸爸。因此會有成家養小孩的經費，這筆錢該怎麼來？如果你是積極打拚的準創業家，未來可能預計兩年後自立門戶、三年後擴廠、五年後走向世界，每個階段都可能需要大投資，該如何籌備資金？

　　如果你是剛滿六十歲甫退休的教師，未來的高峰期可能預計六十五歲每年醫療開支增加、七十歲需要看護……等等。

3.列出你的夢想清單、計畫清單,再與財務規畫結合

你未來人生有創業計畫嗎?預計需要多少資金?

有購屋計畫嗎?預計買多大的房子?預備金多少?

你要栽培兩個孩子去國外念書嗎?他們現在還小,但幾年後會需要多少支出?

簡單來說,要追求最大效果,就是請你列出時間與事件的對應。好比說:

五年後　對應　孩子上大學

十年後　對應　籌資五百萬成立公司

四十歲　對應　在臺北市區買一層樓

一旦有了目標,定義了所謂的「最大的效果」,就可以反推回來,剛如何有效率的應用資金。

⑤ 三大考量做好基本效率理財

　　當我們做理財規畫時，很多人可能不講不知道，一講才發現，不要說理財，光是自己有多少財產都搞不清楚。倒不是財產太多，只是自己太疏忽或以忙為藉口，不特別管理自己的錢財。

　　在我們繼續討論效率理財的其他重點前，讓我們先盤點自己的理財資源：

1. 短期：緊急預備金，可在 1 到 3 天內調撥到的錢。

2. 中、長期：若發生緊急狀況，可以在 1 到 4 週內籌出來的錢，包含定存解約、保險解約、股票賣出等等。順便一提，也可以計算自己的中、長期可動用全部資金。這裡包含信用卡預借現金、親友借貸等等，但若不是自己的錢，在此暫不列入長期理財規畫。

3. 自己的非金融資產（包含房地產扣掉貸款後的現值、珠寶、字畫以及汽車若賣出去的殘值，也包括未上市公司股份價值等等）。

4. 自己的每月常態收入。

5. 自己的年度不定期收入與支出。。

6. 自己的每月固定支出（例如每月房租、每月水、電、瓦斯費等等）。

7.　自己的其他支出（如年度報稅、年度汽車燃料稅等等）。

先掌握自己的財務狀況，才能做更進一步的分析。

#效率學，要做到平衡兼顧

表面的效率，經常被破功，因為沒顧慮到平衡。

以馬拉松為例，為何一開始衝第一的後來往往後繼無力？因為沒做到體力平衡。很多人不嫖不賭也沒有其他花錢惡習，為何明明上班幾年累積一筆錢，後來卻落到負債的下場？因為沒做到財務分配平衡。

對於幸福人生來說，平衡包括很多層面，在《一生幸福的人生企畫書》我曾提過包含家庭、健康、心靈成長等都要兼顧，否則若其中一項為零，那就算其他項分數再高，人生也不會幸福。

在本書純以理財層面來看。理財效率學上要注意的平衡，有以下三大重點：

一、資金分配的平衡

許多理財書也曾傳授，例如這個月薪水五萬元，其中十分之一作為儲蓄基金、十分之一作為教育基金……等等。這就是資金分配的平衡，我要強調的是分配的觀念。

　　至於如何分配，依每個人的情況不同，設定的條件就不同。但我經常發現有人月初有錢、月底就成月光族，或者手頭上有錢就先享受，有多餘的再存起來，這都是沒做到資金分配的平衡。

二、時間性的平衡

　　這也是經常被忽略的，所謂月光族就是今朝有酒今朝醉，「現在」有錢，現在就花完，也就是說，現在和未來失去平衡。而這裡我所要講的平衡，要分得更細，不只區分為過去、現在、未來，若有可能，我希望每個人都有自己的人生財務分配表。

　　先有一張大張的整體人生預估表（當然，世事難料，我們都不知道自己可以活到多長壽，但儘管如此，我們仍要預估）。

　　例如一般人標準的人生預估圖可能如下：

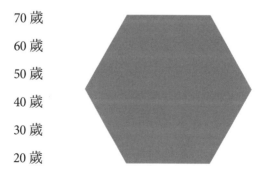

70 歲
60 歲
50 歲
40 歲
30 歲
20 歲

　　上圖代表著，20 歲時還年輕正在打拚，用錢有限，但到了30 歲成家，需要的錢更多了，40 歲到 50 歲時，小孩教育費龐大，是用錢的巔峰，60 歲退休了，花費不那麼大，70 歲後可能體力衰退，減少活動量，花費更少。

　　這只是一個範例，不一定人人如此。

　　除了一生的預估圖外，也可以做年度預估圖。

　　例如夏天花費比較大，或者冬天預計請年假去歐洲玩等等，為此就要做相應的理財規畫。

　　提醒一個人要注意時間上的平衡，靠著這樣的表單，就可以知道何時會花大錢，例如如果預計五月有大開支，那麼三月、四月可能就要稍稍開源節流了。

　　對應到整個人生也是如此。

　　至於如何做？每個人的情況不同，準備方式不同，重點是每個人內心要有這樣的藍圖，理財才能更有效率。

三、風險管理的平衡

　　什麼是風險？碰到怎樣的狀況才叫風險？同樣的，這也是見仁見智。有人可能經常在股海經歷大風大浪，幾萬元損失眼睛都不眨一下。有人可能本金稍微掉下去，就擔心得幾天睡不著覺。

　　但基本上，以理財來講，這裡風險指的是「投報率為負」的情況之機率，包括將錢放定存，也可能碰上負利率，只要本金變少了，那就是理財的風險。

　　建議每個人可以先列一張表，確認自己的風險定義：

　　以下舉例：

低風險、低報酬	活存、定存、長期投資股票、債券、保險
中低風險、中低報酬	基金、房屋、黃金
中高風險、中高報酬	新興股票、土地、外幣
高風險、高報酬	期貨、衍生性商品

　　結合上頁的時間平衡，假定你現在手頭上有一百萬元，每月可動用資金約五萬元，但你預計五年後需要資金三百萬元做為購物頭期款，你該怎麼規畫？

　　或者假定你再十年就要退休，預計除了退休金外，沒有其他收入。那你要怎麼規畫人生？

　　不同情況，會需要的資金都不同，因此需要不同的風險報酬組合做個試算表：

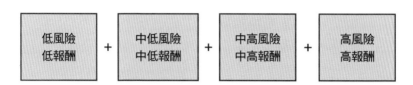

　　將手頭上一百萬套入不同的方框，做不同的組合。

　　或許低風險低報酬占 10％＋中低報酬中低風險占 10％＋中高風險中高報酬 40％＋高報酬高風險占 40％才能達成目標。

　　以上只是舉例，實務上最精準的做法要搭配專家建議，但每個人要學會用自己心中常存一個財報，時時掌控自己的狀況。

💲 理財目標需兼顧短期與長期

　　這件事非常重要，但卻非常很多人忽略。最常見的情況是今朝有酒今朝醉的情況。另一個也是很常見的極端情況，就是一味的省錢，犧牲了生活品質，到頭來年老力衰，一生什麼都沒享受到，只把遺產留給不肖子孫。這二種都是沒能兼顧長短期，前者沒顧到長期，後者卻相反的只顧長期，這兩種都不對。

　　但怎樣才是對的呢？同樣的，必須依照每個人的情況，例如一個剛大學畢業，前途遠大的青年，跟一個已經被醫生宣告罹癌的中老年人，理財的方式絕對不同。

　　這裡無法一一列舉不同做法，因為這世界只要有一萬人，就會有一萬種理財規畫。我們只能抓住準則，然後大家依自己的狀況規畫。

　　總結本節的重點，當我們站在「現在」這一個點，面向「未來」的某個目標。我們要讓理財做到有效率，就必須考量到如何付出效果最大、如何分配理財，以及兼顧長短期。

　　但這只是基本原則，要能真正做好，還需要注意兩個很重要的元素，那就是資訊與科技，這在下一章介紹。

第三章　FinTech 時代的理財效率學

　　當遊戲規則改變了，若做法還不改變，那不只是落伍，甚至還會被淘汰。

　　好比說在銀行放款寬鬆的時候，懂得掌握的人，可以看中一個商機，向銀行貸款七成，投資一個大型商場案，三年後地價升值，商圈升值，收入暴漲百倍。但若只守著最傳統的方式，將錢存農會，動用金額只有頂多幾百萬，那三年後資產將比起前者，少了十倍以上。

　　長江後浪推前浪，一個時代也推著一個時代。ATM 時代取代郵局存簿時代、信用卡時代取代現金交易時代、如今 FinTech 時代也已經取代舊有的時代。以舊觀念來看待新環境，注定要變成理財戰場的失敗者。

　　要讓自己迎向 FinTech 時代，就要注意以下事情。

$ 掌握資訊，才是贏家

前面我們說過，要做到效率理財，必須做好理財平衡，長遠規畫以及效率付出。但重點是，所有作為評估的依據，若碰到時代變遷，可能意義就不同。

關鍵在於資訊以及科技。

什麼是資訊？能掌握得越多，就擁有資訊力。當資訊力越高，同時也就降低各種理財風險。

就拿風險最高的理財買樂透作範例（嚴格來說，買樂透不算理財，但這裡為方便舉例，暫以此為例）。

假定有人投資一千萬元全部拿來買樂透，他透過自創的公式，算出有萬分之一的機率可以中頭彩，他可以用一千萬元買十萬張樂透，以萬分之一機率，他鐵定可以賺超過一千萬元，還大大有賺。原本樂透是典型的中獎機率很低很低的一種「公益活動」，但當有了資訊，卻變成一種有機會真的賺大錢的工具。

以上雖是誇張的例子，但實務上，在臺灣還真的曾有人用自己的明牌公式計算投報率，投資金額雖不到千萬元，但也投資了幾十萬元。

現在將這樣的觀念，用在其他理財：

- 股票投資風險很高，前一天漲停，第二天卻可能跌停。明明去年還風風火火被譽為明日之星的公司，現在卻一路狂跌看來股票將會變成壁紙。但若有一種工具，可以更具體分析每支股票，包括本益比、各種專家分析、公司內部新聞、國外法人資金進出狀況等。買股票的風險是否大大降低？

- 期貨買賣風險超高，不是手頭上資金雄厚的人，最好不要嘗試。但若手中握有一個可以第一時間接收全球資訊的機器，並且可以快速掌控各種市場大買家動向，買賣期貨是否風險變低了？

- 許多原本因為資訊不透明而由銀行獨占的生意。若因網路發達帶來更多的資訊流，讓買方、賣方更容易撮合，那麼是否會因為有了更多的媒合機會，讓原本的銀行勢力變弱，我們也可以用更低的資金取得貸款或者投資機會呢？

以上，不是假設，是已經發生了。資訊改變了這世界，而 FinTech，也就是金融科技是關鍵。

各位還記得前面提到的四種風險評估嗎？

低風險、低報酬	活存、定存、長期投資股票、債券、保險
中低風險、中低報酬	基金、房屋、黃金
中高風險、中高報酬	新興股票、土地、外幣
高風險、高報酬	期貨、衍生性商品

看起來沒問題，但在 FinTech 時代，卻可能有很大的改變。

是誰說低風險就一定對應低報酬高風險一定對應高報酬？

有沒有可能低風險同時高報酬，或者原以為低風險只求保本，最後卻其實是相對的高風險？

是的，這些都有可能。FinTech 時代的一個特性，就是資訊全球化，資金也跟著全球化。以臺灣的標準，可能的確某種理財方式是低風險，同時也代表低報酬。但若超越臺灣呢？就以保險商品為例，在臺灣必須以較高的成本，購買一款保險內容一樣的商品，但若在香港買，卻可能只需一半的保費，保額還要更高。

投資房地產，可能在臺灣只能搭配一定的銀行借貸成數，並且在房價已經太高的時候，一邊投資一邊擔心房價是否已經到頂

了。但同樣的金額，可能可以在海外獲得投報率更高的物件，三年後就能回本。

這些，你知道嗎？

當沒有資訊時，就只能在有限的範圍內選擇。有了資訊，頓時就海闊天空了。

同樣談到資訊，FinTech 科技有一個很大的重點：

原本奇貨可居的寶貴資訊，掌握在少數關鍵者身上（最典型的代表就是金控公司集團），但若這些資訊掌握權，移轉到其他人身上會變成怎樣？不是換家銀行就好，而是金融業環境徹底被顛覆。這件事在中國大陸已經發生了，並且整個顛覆金融市場。

由於幾家大型網路集團，如阿里巴巴、騰訊等，掌握了龐大的網路流量，透過網路它們取得的資訊遠比傳統銀行業龐大。也因此，他們變成了老大，誰掌握資訊，誰就成為新的龍頭，於是所有傳統的銀行業務，都被這些新的媒介取代。

當面對這樣新的變革，卻還死守著舊觀念，那麼人只有兩條腿，錢卻是個大滾輪，錢自然會滾到會理財的人身上。

$ 用 FinTech 重新審視效率學

科技改變了世界。

科技也改變了資訊。

世界變了，效率學的定義也必須改變。讓我們重新審視，之前的三大效率定理。因應 FinTech 時代，我們該如何改變？

同樣的付出，要達到最大的效果

在傳統時代，配合自身的狀況（例如兩年後要結婚，或者五年後要退休），可以設定什麼是最大的效果。在 FinTech 時代，基本道理沒變，只是效率的選擇變多了。

怎樣才能達到最大效果？

最能掌握資訊的，可以達到最大效果。

同樣有一筆錢，有人以為就拿去買股票吧！以為穩賺，最後卻可能慘賠。但存銀行根本賺不到錢，拿去私人借貸，也怕有去無回。但在 FinTech 時代卻有新的選擇，可以透過 P2P 借貸平臺，依自己的財務考量，選擇適合的借貸標的。風險可以得到控管，報酬又比傳統方式多。

同樣的，透過 FinTech 科技，現在有非常多的平臺可選擇，

錢可以不用一定放在臺灣，也可以前進中國，或者在歐美投資也行。有了資訊，有了平臺，效率就有了可能。

理財要做到平衡

同樣的，在 Finteh 時代，我們可以讓平衡的標準更加的準確。

好比說投資基金，以前可能要界定，某支基金風險低報酬低，某支基金風險高報酬高。但其實最終評斷標準，還是依照基金經理人。而基金經理人最關心的可能不是你的財務狀況，而是公司的指令，以及他自己的獎金。

但在 FinTech 時代，可以透過機器人理財，或者更多的FinTech 決策工具，讓各種選項可以更貼近你的需求。

如此，要做到平衡也更加容易。

理財要有長遠兼顧

就如同前面提到的，所謂低風險低報酬，高風險高報酬等，都是在有限的情資底下，所做的定義。但當有了科技輔佐，所有的理財，都可能做到更低的風險，卻有更高的報酬。

這樣的理財遍及各種項目，例如保險，可以更符合效益，用更低的保費得到更實際的保障。

基金買賣，可以讓資金更精準的應用，擁有滿意的投報率，借貸也可以變成一種安全的理財選項。

就連消費這件事，也可以變成一種聰明消費，甚至邊消費還可以邊累積財富（例如現金回饋或者用免利息的錢來消費、投資）。

FinTech 改變了整個理財觀念，改變了未來的理財觀。

但 FinTech 到底是什麼呢？

讓我們一起來看看。

.

PART 2

FinTech 理財基本知識篇

準備好進入無紙新時代

第四章　一切從錢開始

　　金錢很重要嗎？有句話說：「錢不是萬能，但沒錢就萬萬不能。」所以這個世界，說到底，做什麼事都需要錢。就算是想過魯賓遜漂流記般孤島的生活，至少也要有錢雇用小舟把你載去，最後還是少不了錢。

　　因此可以說，所有的文明演進、科技進化都和錢有關。不是為了讓你的錢買到更好的服務，就是需要砸大錢才能研發出新的應用。而在所有科技應用中，和錢最有直接關係的，就是FinTech 了。既然這是直接針對「金錢」這件事做的改革，那麼自然人人都該關係一下這件與己切身相關的事。

　　就讓我們來聊「錢」吧！讀者們不用擔心聞到銅臭味，有句話說：「錢生不帶來，死不帶去。」這句話用在 FinTech 還真適合，因為 FinTech 建構的就是無紙化世界，既然沒有實體的紙幣，自然不用帶來帶去的。也因為沒實體，所以也不會有銅臭啦！

　　簡單講，錢變得不一樣了，這件事正在發生，讓我們繼續看下去。

$ 翻開人類購物史

什麼是文明？文明的定義很多，但有一個定義現代人絕對認同：文明，就是人類從未開化轉變為懂得購物的過程，隨著購物的內容及方式越先進，文明也就越先進。

請問讀者們，現代人買東西很簡單嗎？在未來，買東西這件事只會越來越簡單。

但你知道嗎？「買東西很簡單」這件事絕對不「簡單」。若我們用「簡單」的角度簡單地來看購物史，就會發現每一次轉型都有著跳躍性的思維，這過程一點也不簡單。

- 遠古時代的交易是以物易物，有時候光帶著「貨幣」（也就是用來「買」東西的那個物體），就比要買的標的本身還要重。

- 進入初期的貨幣時代，貨真價實是「幣」，那時尚無紙鈔概念，我們看古裝片，每每他們隨手掏個金元銀元或銅錢好像很輕易，其實那些錢很重的。

- 之後進入紙鈔時代，以及最早的「支票」時代，就是說，手上拿著一張紙，但那張紙不直接代表錢，而是代表可以「換錢」的憑證，像古時候的銀票。這時候已有初步的金融體系，出現了買方、賣方之外的第三者，約當銀

行的角色，可以讓你不需帶太多錢，就可以去各地用票
換錢。

- 銀行體系的誕生，已經是近代的事。中國最早命名為銀
  行的機構中國通商銀行於 1897 年成立。至於民眾普遍
  懂得可以將錢存在銀行，以及可以跟銀行拿利息、借貸
  等，已經是更後期的事。

- 有了銀行後，全世界主要流通的「實體貨幣」，都以銀
  行為中心運轉。並且衍生出日新月異的金融機制，每一
  項機制第一次出現時，都可以說是劃時代的生活習慣改
  變。諸如 ATM 提款機、信用卡、金融衍生性商品投資，
  以及各式各樣的理財新模式。

- 正當人們以為銀行將永遠是金融的運轉中心，人們這一
  輩子的錢都要依靠銀行時，拜網路科技之賜，金融世界
  又出現了大變革，各種新的理財方式，包括新的支付、
  新的投資、新的理財等等，都藉由各式各樣新的平臺，
  大幅改變人們用錢的方式。傳統銀行沒有完全被取代，
  但不可否認地許多功能都被搶走了。這就是 FinTech 的
  時代。

用錢方式的變革，是採取跳躍性思維。所謂跳躍性的思維，

就是處在舊思維的人，完全想像不到原來金融應用可以用這種方式。簡單的以購物來說，就好像五〇年代的人，再怎樣會幻想，也無法想像有朝一日買東西可以用一張卡代替。九〇年代的人也無法想像，將來有一天拿著手機就可以去超市結帳，事實上，智慧型手機也是千禧年後才誕生，更遑論要用智慧型手機買東西這樣的想法了。

那麼，處在二十一世紀初的現代，我們也無法想像未來的購物方式會變得如何？但可以確定的，購物一定越來越簡單。好比說，翻閱雜誌看到喜歡的產品，手指碰一下就產生交易了（當然這樣聽起來很危險，很容易害消費者破產，所以未來一定有相應的保護機制）。

其實我們現在購物已經超級方便了，一個人可以穿著睡衣、滿頭亂髮，只要打開電腦進入購物網站，看到想買的東西用滑鼠點一下，線上刷卡，就輕鬆完成一筆交易，然後商品在數小時內宅配到府。這樣已經夠方便了，還要多方便？

是的，絕對可以更方便。所謂方便，可以包括交易的方便、管理的方便、資訊的方便、理財的方便等四種功能。

一、交易的方便

這是最初階的金錢使用功能。也就是所謂一手交錢一手交貨的概念。事實上，這樣的概念已經上千年，直到民國四、五〇年代，人們買東西的思維，都還是「我身上有多少錢，可以買多少東西」的概念。錢，就是用來「換商品」用的。所謂有錢人，就真的是身上有很多錢的人。

交易的方便，經過很多的變革，依序是：

1. 以物易物。
2. 錢幣交易。
3. 紙鈔交易。
4. 信用卡交易。
5. 多功能卡交易（卡片本身也是金融卡、信用卡、儲值卡、會員卡）。
6. 線上交易。
7. 第三方支付（結合電子錢包、虛擬貨幣、線上儲值、投資轉帳、區塊鏈等諸多 FinTech 功能）。

一次又一次的變革，讓「交易」，也就是甲方和乙方買東西這件事，變得越來越方便。

二、管理的方便

金錢最早時候的管理，就是藏在自家院子的甕裡或地板下，之後有了保險箱的概念，或者金庫。但所謂管理，千年來都是指「把錢安全放好」的概念。管理也者，牽涉到記帳（會有師爺記帳）、防盜（會有保鑣）、提領等等。直到銀行體系出現後，金錢的管理，仍不脫「存放」的模式。之後才逐步拓展成更多的應用。

管理的方便，演變的順序：

1. 保險庫，或個人金庫（例如家中地板挖個洞）。
2. 銀行代管。
3. 信用觀念（史上首次人們可以使用「未來的錢」，也就是先消費再付費）。
4. 理專觀念（錢不只放著就好，錢可以活用，如何做？要請專家）。
5. 虛擬貨幣概念，電子錢包、儲值帳戶、投資轉帳、區塊鏈等等，也就是正式進入無紙時代。

三、資訊的方便

古早人買東西，就是買生活必需品，那年代沒有「流行」，

所謂流行要植基於資訊發達的基礎。後來人口變多了，不同時代有不同的流行，例如唐朝喜歡豐滿的女子，當時所謂資訊，其實就是「跟著人家做」。

媒體的出現，先是報紙，後來變成出版業，改變了資訊流的速度。媒體刺激人們的知識欲也帶來更多的購買欲，但直到幾十年前，資訊和金錢的關係都還只是「人們看到廣告，然後帶著錢包去商店購買」的概念。

這十幾年來最大的金融改變之一，就是資訊和購物的充分結合。網路購物時代正式誕生，讓人們可以看到就立即買到，採取「即時資訊、當下消費」概念。

到後來資訊更主導著購物，例如無所不在的網路監控，記錄下我們的消費習慣，於是產生了量身訂做的廣告。資訊甚至主導我們大腦，充分運用心理學的衝動消費，想方設法讓人們一看到資訊就想要購買。而越來越方便的交易模式，讓這樣的消費更可能發生。

四、理財的方便

從前時代，錢就是換東西的用途。最簡單的理財頂多就是懂得討價還價，可以用少一點的支出換得等值商品。但在銀行體系

出現，開始有了利率的概念，原來錢放在家裡只會腐爛，但放在銀行可以生息。之後更有了完整的金融人員這個產業，誕生了保險、股票、投資等等的專業理財，最後卻直接誕生理財專員這樣的職位。

財既然可以理，所謂「理」包括兩個層面，一是讓錢得到管理，也就是做好記帳，做好收支監控，以及最基本的做好安全保障（若被搶了，至少還有保險機制）。另一個層面就是如何讓錢變大，以及更靈活的運用。

自古不變的道理，好的金錢管理就是讓錢可以運用得更有效率，可以在最短的時間內，帶給投資者更大的獲益。

十幾年前，這樣的管理，主要是透過理專，然後理財者必須穿梭在不同的理財介面。

現在，進入 FinTech 時代，代表著更新的理財方式，也代表

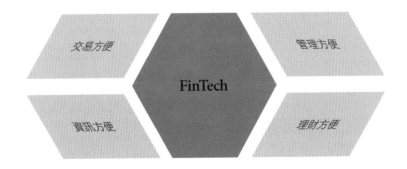

著更方便的操作。因為各種平臺都已經被整合在一起，靠著一個帳戶，就可以靈活讓錢遊走於不同理財領域，靠著一支手機就可管控，讓財務倍增。

FinTech 時代，就是將以上四大「方便」充分結合，讓每個人管錢的方式更簡單。

$ 認識 FinTech

談起人類文明，既然依照購物史的發展來看，FinTech 是最新的趨勢，並且正在我們身邊周遭積極演進中，那麼我們就一定要來認識這所謂的 FinTech。

先來講學術版的 FinTech 吧！

FinTech，是英語 Financial technology 的簡稱，顧名思義，直接翻譯英文就好，FinTech 就是金融科技。提到此，很多人就會納悶，金融體系是現代化國家重要的一環，當然會使用各種科技，諸如跨行連線提款機、跨國信用卡消費，還有我們去存款時的認證識別系統，更別提各種保安警報系統了。金融科技有什麼了不起呢？這幾十年前就有了。

然而，在此，FinTech 不能當作是一個技術用語，而要當作是一種「狀態用語」。就好像我們形容現代式網路科技時代，當然不只是指各行各業都需靠網路這件事，而是指一種普遍性的生活型態，現代人無時無刻沒有網路就難以生存。同樣的道理，FinTech 指的已經不是金融機構善用科技這樣子的事，而是已經形成一種新的「金融型態」。

一件事變成一種「型態」，絕對是革命式的。就好像政治上有民主型態，有獨裁型態，每種型態彼此間都是大大的不同。

處在某個型態裡的每個人，只有兩種情形，適應好的跟適應不良的，前者可以在型態的規範裡悠遊過活，後者只好脫離這個型態轉換到其他型態。

但不幸的，趨勢是很難逃離的，你只能學會適應，不然就面臨時代淘汰。

FinTech 是種科技應用，但這種應用已經不是單純的讓原本的模式變有效率那種改變。當然 FinTech 包含很多層面，最簡單的，例如一臺傳統的 ATM 提款機，後來新增了各種功能，如今提款機已可無卡存款，也可以不用提款卡，可靠 QR Code、人臉辨識或指紋辨識存提款，這是簡單的、改良式的 FinTech。真正的 FinTech 應用是更全面的。

#Fintch 主要兩面向的劇變——機構與用戶

包含兩個面向，第一個面向是指金融體系本身，這也是 FinTech 被視為一種重要金融革命的原因，傳統的金融機制包括存款、投資、借貸、保險、以及最基本的消費等等，都在 FinTech 大旗下，有了翻天覆地的改變。改變如此之大，乃至於專家們都預測，未來十年內，有 50％以上的人力都將被 FinTech 取代。

　　第二個面向當然就是指你、我以及所有民眾，有了
FinTech，我們的整個生活模式都將有了改變。其實，不能說
「將」，因為已經發生了。但這個改變還在持續，所以我們大家
都仍處在「現代進行式」中。

　　其中我必須指出，所謂「現代進行式」，特別對臺灣來說是
如此，因為很多 FinTech 應用，在中國、在歐美已經是「過去完
成式」，要發展另外新的「未來式」了，臺灣之所以還在「現在
進行式」，是因為太多的管制以及修法的效率。但無論如何，這
是一定會發生的，就像當年信用卡剛出現時，只是有錢人的消費
工具，後來卻變成人人多卡的時代。

　　FinTech 是因應時代的產物，如果早個十年，FinTech 是無法
成形的，因為 FinTech 包含的三大核心關鍵技術：亦即大數據分
析、人工智能以及區塊鏈，都是近些年來才趨於成熟。

　　有關 FinTech 的種種應用專業技術，如何架構程式，如何安
裝軟體，不是本書的重點，本書延續幸福人生企畫書的概念，要
以每個人的幸福人生為出發點，討論 FinTech 的「應用」。

　　前面我們以學術角度，現在我們就從比較親民的角度出發。
來談談實務版的 FinTech 吧！

以你我日常應用面來切入，FinTech 包含如下領域：

功能	創新項目
支付 (Payments)	無現金世界、新興支付
保險 (Insurance)	價值鏈裂解、保險串接裝置
存貸 (Deposit & Lending)	替代管道、通路偏好移轉
籌資 (Capital Raising)	群眾募資
投資管理 (Investment Management)	賦權投資者、流程外部化
市場資訊供給 (Market Provisioning)	機器革命、新興平臺

※ 本表來源：Fugle 科技（臺灣 FinTech 新創公司）

從本表讀者可以看到六大項，以及十一小項。也許在不久的未來，會有更多的 FinTech 應用，但至少在目前，這些應用是正在發生。許多在國外，特別是在中國，已經有很普及的應用，臺灣則是尚在進行中。

在此先針對每種子項做簡單的說明：

1.FinTech 支付

和傳統支付最大的不同。FinTech 就是所謂無紙化的支付。

當然，過往在臺灣，信用卡使用已經非常普遍，甚至還發生

了雙卡風暴，大大影響金融。但新時代的無紙化境界，已經不只是刷卡消費這麼簡單，信用卡只是最基本的，由銀行對你的信用認證，然後願意由銀行擔保，在你消費時，由銀行端讓你和店家完成交易。

但在 FinTech 時代，無紙化的應用層面更廣，速度更是快。2016 年以前，臺灣在這一塊領域還遠遠落後先進國家，直到 2016 年以後，各種第三方支付才如雨後春筍般，一家家冒出，同時間，各個店家也都已經紛紛因應趨勢，安裝相應的付費介面。

只不過目前仍是百家爭鳴，各自為政，消費者出門在外，若想要每個店家都能使用第三方支付，可能要多下載各家不同的 app，才能真正做到無紙消費。

2.FinTech 保險

保險？這不是很簡單的事嗎？反正就和不同保險公司簽約，不論是壽險、健康險或兼具儲蓄功能的險種，反正都依約行事。FinTech 在此指的只是表格製作電子化，或者可以線上繳保費這類的事嗎？

當然不是這樣，在 FinTech 應用中很重要的一個關鍵是「大數據分析」，這個應用徹底顛覆了過往的保險模式。以前我們投

保，就是保險公司推出制式的產品，理財專員提出一張試算表給你，讓你看看投保幾年保額多少可以領多少錢，但 FinTech 的保險，講求的是量身訂做。

透過雲端運算，每個人都有不同的保險規畫，畢竟雖然同樣是 40 歲，一個愛運動的健康人士，和生活作息不正常慢性病多的人，保費保額應該不一樣。

但所謂不一樣，要有更明確的依據，在 FinTech 時代，結合科技應用，可以做出真正差異化的保險。而在保險理賠方面，也不再只是傳統由保險公司銷售保單的模式，消費者有更多的保險形式選擇。

3.FinTech 存貸

有錢要放哪？拿去投資還要動腦規畫，太麻煩了，有的人喜歡將錢借出去，賺利息錢就好。但哪裡可以讓你借錢出去呢？我們熟悉的銀行，並沒有這樣的服務，事實上，我們常使用的活期存款、定期存款就等於是另一種形式的借貸，只不過利息很低，若是碰到低利率乃至負利率時代，就只是把錢寄放而已。

此外，就是參與一些投資案或借錢給朋友周轉，指定一定的利息。但眾所周知，這類的放貸風險很高，經常是有去無回。所

以傳統的存貸，不是利潤低就是風險高，乃至於很少人將存貸做為理財致富主要方式。

但現代不同了，新型態的 FinTech 存貸，已經跳脫銀行模式，創造出人對人（P2P）之間的資訊平臺，透過 P2P 平臺借款人可以取的資金，投資人可以把錢借出去，賺取一定的本息。

特別是在中國，這樣的平臺很興旺，已經大幅取代原本銀行的功能。新的平臺，可以有多樣選擇，讓理財者依據自己判斷，選擇不同的利潤與風險組合，有的組合利潤高但帶著稍高風險，有的組合利潤還算合理並有充分保障。不論何者，都比傳統的存貸要有更多可能性，利潤更好，風險更低。

4.FinTech 籌資

傳統的借錢方式有哪些？大部人屈指一數都可以琅琅上口，信用貸款、房屋貸款、汽車貸款、信用卡預借現金，這些是銀行的體系所提供。此外有民間互助會（標會）、短期週轉當鋪，乃至於高利貸放貸等管道。

其實借錢的原因很多，積欠賭債走投無路要借錢還黑道，這是一種「借」；有一個創業夢想，相信可以帶來高報酬，但需要引入資金，這也是一種「借」。前者根本就是把錢丟出去有去無

回的錢洞，後者則比較像投資。

　　然而介於這兩種極端的有種種可能，有的人借錢，某甲覺得那人是癡人說夢，某乙卻覺得那人是潛力股。在見仁見智的情況下，過往都是由銀行自己做信貸評估，想借錢的人各憑本事，有人靠關係，有人靠口才，還有人偽造資料騙取貸款。

　　在 FinTech 時代，籌資的事可以跳脫銀行的機制，同樣是借錢，某甲不認可你這個人，沒關係，某乙認可就好。在籌資平臺上，有種種的保險機制，保障借款權益人，也適時監督借款者。在臺灣過往就有募資平臺，但募資平臺只是籌資的一部分，在 FinTech 應用上有多樣可能。

5.FinTech 投資管理

　　理財，就是希望用錢滾錢，當然要選擇投報率高的。但什麼是投報率高的？自己買股票，隨便買隨便賠，這樣不可靠。買基金比較安全吧！但就如同那句知名的理財警語：「投資一定有風險，基金投資有賺有賠，申購前應詳閱公開說明書。」

　　過往的理財需要透過基金經理人或者理專，但在 FinTech 時代，有更多元的選擇，透過機器人理財，或者更有效率的整合式投資分析工具，投資人有更多的選擇可能。

6.FinTech 市場資訊供應

理財需要資訊，過往資訊有限，甚至有些資訊是壟斷的。例如在股市投資情報市場，若支付大錢加入彭博社或其他股市情資分析社團，就可以有專家每天提供市場資訊。至於市面上流通的各種財經刊物，消息紛亂甚至互相矛盾，各家名嘴明牌各有意見，乃至於也有置入型行銷的情報，非常不可靠。

在 FinTech 時代，一個重要關鍵就是大數據分析，另一個關鍵術語是更早之前流行、現在比較落伍，但依然實用的雲端科技。未來的社會，懂得應用這些科技的平臺，才是更值得信任的平臺，當消息來自各個管道，並且經過專業的技術分析，由機器人來做運算，當然比起過往靠各家媒體以記者採訪速度更快也廣泛。

以上就是 FinTech 的六大主要應用範疇。當我們鼓勵一個人成為抓住時代潮流的 FinTech 人，其實就是要懂得這六大範疇，並且能適度的加以掌控運用。我們相信，同樣一筆錢，當使用FinTech 科技，比起傳統的理財做法，一定會更有效率，也更有機會創造高投報率。

別的不說，光是去星巴克買杯咖啡，用第三方支付不但付帳更快速，還有各種集點優惠。當然若用在更廣泛的領域，好比搭

飛機或者聖誕期間大量採購，其帶來的便利性就更加明顯。

各類的 FinTech 說明，讓我們在後面逐一介紹。

第五章　歡迎來到消費更聰明的時代 ── FinTech 支付篇

消費，是每天都在發生的事情。

我們相信有些消費模式，是幾百年都不變的，例如你在鄉下還是可以看到老阿嬤在路邊擺攤，賣的是自己種的蔬菜，沒有收銀機、沒有發票、更不可能刷卡，你掏出百元整數鈔，老阿嬤緩緩的從隨身霹靂包中掏錢找零。

但更多時候，我們的消費模式一直在變。都說現在是民主化社會，人人平等，在投票箱前是如此，可是很抱歉，在收銀機前卻不是如此。現代社會，是「懂得消費」的才能拿到好康，不懂得應用現在科技的，就注定吃虧。

- 阿明一早起床趕去火車站買票，結果還是買不到座位，站三個多小時才回到高雄。相對的，阿鴻睡飽才出門，輕輕鬆鬆的上火車後，又可以繼續睡。他為何有票？因為他早就上網訂購，並且去 7-11 預先取票。

- 阿珍排隊排半天想看一場熱門電影，但瞥眼一看，旁邊

有人不用排隊就可以取票，並且還可以換取飲料。看同樣一部電影，卻有差別待遇，因為人家是會員，網路消費，現場取票。

類似這樣的例子不勝枚舉，其實以上所列都還只是傳統的模式，網路消費及會員卡制，只算是早期的消費策略，還不算是 FinTech 應用。到了 FinTech 時代，支付方式又有更多種可能。

$ 多元化的支付：臺灣篇

2015 年，臺灣的觀光客自助旅行來到大陸，他們看到一個很奇怪的現象，那裡人手一機大家看似都是低頭族，這沒什麼奇怪，臺灣也是這樣。

但讓他們奇怪的，他們去店家消費，卻仍然當個低頭族，走到哪手機不離身，商場百貨一手拿著剛買的新衣，一手把手機遞過去，「滴！」一聲，很快的就結帳。去小吃店吃個東西也是這樣，更誇張的是，甚至連路邊小攤販也是這樣。

觀光客大讚原來中國經濟進步得那麼快，連小攤販也那麼「高科技」啊！反倒是那個觀光客，到一個攤子前，掏出大鈔想買個小東西，攤商手一攤，我沒錢找你，結果反而付現金的不能消費。

這並不是發生在北京、上海這樣大城市的現況，而是在華中地區一個二級市鎮就已經如此。不只買東西這樣，那兒的鐵馬比 Ubike 還方便，也是隨手手機一「滴」，就可把腳踏車牽走，騎到目的地，不用送回原地，騎到哪就在當地「滴！」一聲把車停妥就算還車了。

人手一機，人人都已經線上支付的情況如此普遍，臺灣相比之下，似乎落後了好幾年。到了 2016 年底，臺灣才紛紛有了各

類的線上支付了。雖然還不普及，但從這一年起，也開始看到人們結帳時用手機付款了，相信之後應用也會越來越廣。

先來看看，為何要用手機付款呢？

#什麼是第三分支付？

說起付款，傳統來看，假定我們去的是比較高檔消費的地方，好比說是一家西餐廳或者報名海外旅遊，我們經常用的付款方式有兩種，一種是付現，一種是刷卡。

有的店家鼓勵付現，畢竟刷卡他們還要付手續費，店家甚至表明刷卡要加價。有的店家則是鼓勵刷卡，方式可能是間接的，例如刷卡的還可以獲得贈品，消費者當然就會刷卡了，通常是因為店家結合信用卡的活動，或者該信用卡根本就是其關係企業發行的卡。

這兩種付款方式，現金不用說，付款人就是你本人。信用卡呢？付款人其實不是你，而是銀行。也就是說，如果哪天你反悔賴帳不繳信用卡費，這筆錢銀行必須幫你吸收，再跟你要債。

所謂第三方支付，指的是中間透過第三者的擔保支付。付款的當下，錢並不是直接給賣方（是的，你只拿手機去滴一聲，錢那時還沒跑到店家帳戶裡）。那麼錢給了誰呢？錢是暫時放在非

買方也非賣方的第三者。

　　這樣的機制其實最早是因應網路交易，畢竟，在網路上你也無法付現金，但刷卡又擔心詐騙，所以在那個情境下，第三方支付自然因應而生。

　　然而到了現代，所謂第三方支付，其實在不同國家有不同的定義。單單以「第三方支付」這個名詞來看，其實最早是由中國所定名的，實務上也是中國的第三方支付發展得最蓬勃。

　　在中國，只要是非銀行體系來擔任這個擔保支付對象，就叫做第三方支付（如果是透過銀行，那就是一般的信用卡體系）。但在臺灣則又有臺灣的法令，在臺灣比較複雜，支付依法又分成三種：第三方支付、電子支付、電子票證。

一、臺灣第三方支付定義

　　在臺灣，第三方支付主要卡在法律定位問題，否則臺灣很早以前就有第三方支付了。在銀行的基本業務裡，就可以基於在確認買賣雙方之實際交易後，透過銀行支付體系做代收轉付，問題只是在於兩個關卡：

1. 非銀行業者不能承作。

2. 銀行業者承做的部分也只能是代收服務，直到 2015 年

臺灣才有電子支付相關法令。

探尋源頭，第三方支付最原始的目的不是為了效率，而是為了安全。

舉例來說，第一銀行在 2012 年就已經推出了「第 e 支付」電子商務，當時在對外公開文宣便載明：「第 e 支付是便利買賣雙方間的金流支付平臺，提供網路交易代收代付服務。對網路購物消費者來說，上網購物付款後，款項直接轉入第一銀行第三方支付『第 e 支付』專戶保管，等買方確認收到貨品後，再將款項支付給賣方。消費者不必擔心付款後收不到貨品，或不滿意想退貨卻拿不回款項，且此一保管服務不需支付費用。」

時至今日，在 FinTech 日益蓬勃的全球化發展下，「第 e 支付」也配合臺灣的法令，有了更多商務功能，可以結合手機機制做管理及轉帳（限會員）。

其實說起來，由第三方做擔保這樣的支付「模式」，古早以前就有了，例如包括早年的土地代書，還有貿易商號做買賣，也會有第三者居中做擔保。只不過到了現代，因應網路化的普及，這個模式變成電子型式。目前第三方支付最常見的領域就是網路購物，在中國則已從線上交易拓展到線下交易，都非常廣泛使用第三方支付。

　　第三方支付原始的用意當消費者上網消費，又怕碰到壞廠商，此時怎麼辦呢？就需要第三方出馬，當消費者付款時，錢不是立刻跑進賣方帳戶，而是進入第三方的雲端保險庫。當然，第三方也不會隨隨便便幫一筆交易做擔保，前提一定是買賣雙方都要透過實名認證，讓第三方確保是合格買方賣方，才會允許這種交易。

　　可想而知，有了第三方出面，買方更放心敢下訂單，賣方為了提升業績也願意加入這樣的體系，使得交易更活絡。

　　有人會問，這跟一般線上刷卡交易有何不同？當然不同。一般刷卡責任還是由你負責，若你碰到惡劣賣家，出貨有問題，你卡刷了照樣要付錢。銀行只是幫你預付款，但不幫你做擔保。

　　回過頭來再談臺灣的第三方支付，當中國的各種線上支付已經成為一種生活習慣時，臺灣直到 2015 年 5 月，《電子支付機構管理條例》才正式上路。之後加上各種申請流程以及比一般國家偏嚴的規定，所以真正比較普及應用要到 2016 年。

　　我們現在講的各種第三方支付，其實中國的定義和臺灣是不同的。臺灣第三方支付的定義只能做到基本的安全擔保功能，就是前述所謂的買方的錢暫時放在第三方，等貨到後確認無誤，第三方再付款，最常用的場合就是線上遊戲的支付體系。但臺灣第

三方支付業者，並不等同於電子支付業者。

在臺灣第三方支付業者截至 2017 年 4 月已有超過四千家，這些廠商都是因應網路交易需要而產生，但真正符合電子支付取得執照的業者，則家數比較少。

二、臺灣電子支付定義

具體來說，前面講過的在中國可以拿手機付費，在臺灣也開始普及的這種支付體系，並不是真正定義上的第三方支付，而是叫做電子支付。

電子支付和第三方支付最明顯的差異，後者只具備「保管」功能，但前者就可以用來轉帳、儲值。所以當我們在手機上加入不同業者的支付體系，可以去星巴克「用手機買東西」，那是電子支付，嚴格來說不等同於第三方支付，但習慣上大家還是常稱為第三方支付。

有了這種支付真的很方便，舉例來說，你若將手機設定加入假定是歐付寶，那麼不只可以儲值，朋友也可以轉帳給你，一切都在手機進行。好比說今天幾個朋友一起去餐廳用餐，由一位代表，他負責用去櫃臺用電子支付結帳，其他的人要拿錢給他，不需要大家掏錢還要找零麻煩一堆的，只要拿起手機按幾個鍵，把

自己帳戶的錢轉到他的帳戶就 OK 了。

　　這真的是非常方便，也就是電子支付方便的所在。試想，今天若沒有這樣的機制，一個人付錢後，接著大家還不能離開，幾個人必須坐下來「算帳」。老李付我三百元，還要找你五十元。老張給我一千元，我現在沒錢找，這錢欠著。算來算去，怎麼算都還缺一百元，到底誰短付了也無法追蹤，只能自認倒楣，這筆錢自己吸收。

　　有了電子支付，以上的情況都可避免。大家一邊繼續移動，往下一攤走，路上每個人就可以透過手機把錢繳清。有紀錄，有效率。

三、臺灣電子票證定義

　　至於電子票證，這非常普及，特別是在北臺灣，大約人人都有至少一張。

　　所謂電子票證最好的例子，就是臺北捷運悠遊卡，這張卡可以儲值，過往只能用來搭捷運，但後來透過越來越多的異業合作，如今憑這張卡，也可以去很多地方消費。

　　但其功能就如同字義上說的是「儲值卡」，你存錢在裡面，就可以在系統合作體系刷卡消費。如果咖啡廳有和悠遊卡合作，

自然也可以拿卡去「滴！」一聲消費，具備方便性，但這和電子支付的概念不一樣。其中最大的差別，就是不能轉帳。

今天我們可以拿悠遊卡去搭公車，但只能刷自己的，不能幫別人結帳，也無法用在大家做食、衣、住、行、育、樂生活各方面的代付應用，因為只是電子票證。

#2018 年百家齊鳴

如同前面所述，以第三方支付來說，臺灣很早以前就有了，只不過礙於法令，無法大幅拓展。然而從 2015 年 5 月開放後，實際上直到 2018 年，臺灣的第三方支付使用率雖有增加，但遠遠不能和中國的普及率相比。在中國，可以說這種線上支付已成為生活的一部分，一個人若沒有申請第三方支付帳戶，搞不好在很多地方還無法消費呢！

但在臺灣沒法那麼普及，除了法令因素，還有整體周邊因素。具體來說，一個機制能運作，不是本身系統架構好就好，還需要有眾多周邊搭配。

就拿信用卡來說，一開始也不普及，原因很簡單，手中就算有卡，也沒地方刷。最早年代只有很高檔的場合才能刷卡，有卡不能用，自然無法普及。

　　同樣的道理，第三方支付在中國可以普及，因為對他們來說，這不只是一種支付，並且已經和不同的金融機制結合在一起。以支付寶來說，背後有著完備的 C2C、B2C、B2B 機制，當一筆錢在自己的第三方支付帳戶（也就是支付寶裡），其可以方便結合儲值、投資、下單等等功能，整個錢運作是「活」的。

　　但在臺灣，第三方支付目前充其量只是一種購物方便的工具，後續沒有更強大的連結。很多買家可能還是習慣以 ATM 轉帳，加上更多賣家覺得金流比較麻煩，也沒採用第三方支付。

　　更別說臺灣小小的腹地，在很有限參與第三方支付機制的店家中，又被不同種類各自為政的支付平臺所限制。今天到這家店要用歐付寶，明天去那家店要用街口支付，的確有些不方便。

　　臺灣的電子支付工具，雖然開放家數有限，但截至 2017 年夏天，臺灣也已經有街口支付、LINE PAY、YAHOO 超好付、PI 行動錢包、歐付寶、橘子支、FriDay 錢包、QR 扣……等電子支付工具，我們日常生活中，也開始看到有人直接拿著手機去結帳。可能是受到中國的用語影響，臺灣還是習慣把這些支付都稱作第三方支付。

　　2017 年臺灣 FinTech 支付一大盛事，就是三大國際行動支付平臺全部到齊。

所謂三大行動支付平臺，顧名思義就是搭配三種最流行的手機平臺系統各自推出的支付體系。2017 年 3 月，第一個登場的是 Apple Pay，到了 5 月則是 Samsung Pay，最後 6 月 Google Pay 也加入戰局，這些行動支付都有各自合作的銀行，憑著強大的品牌效應，要攻占 FinTech 支付市場。

然而，行動支付等不等同於第三方支付呢？其實就應用面來說，其基本原理和歐付寶或支付寶等並不相同，簡單來說，這些手機行動支付機制只是和銀行合作，消費者原本要透過刷卡結帳，現在變成可以用手機支付而已。

總結來看，直到 2017 年，原本的幾家陸續推出的電子支付如歐付寶、LINE Pay 等，和 2017 年剛加入戰局的三大國際行動支付平臺，其在臺灣的發展，主要仍是「線」上作戰為主，不像中國，這些支付工具已經形成一個「面」。

整體分析：

1.供給端

以前端支付來說，行動支付的方式分成掃條碼、QR CODE 及 NFC 感應。以市場面來看，從最早推出電子支付的歐付寶，到後來陸續成立的橘子支、國際連等等，其應用領域主要還是線

上為主，不像支付寶有自己完備的整個體系。

2.使用端

　　消費者的感覺最準，從2016年起，搭配廣告行銷，的確，民眾開始感受到身邊周遭有人使用手機支付了。但普及率如何呢？只能說還在緩步成長。就以民眾最切身的日常生活所需，搭捷運可以用電子支付嗎？不能，還是要用悠遊卡。去各種消費場合，真的都可以拿出手機消費嗎？目前也仍是個問號。

　　當然，這和信用卡最早在臺灣推出的情況一樣，消費者會問這卡可以在哪用？相信終有一天，電子支付也如同信用卡般，成為在日常生活中隨處可見的普遍應用。

　　截至2017年臺灣的電子支付廠家：

- **橘子支付**：主要針對遊戲橘子體系的線上遊戲玩家；
- **智付寶**：同樣主要針對智冠集團體系的線上遊戲玩家；
- **歐付寶**：最早打進市場的電子支付，但其背後也同樣是遊戲公司；
- **Yahoo奇摩集團**：旗下有超好付、易付，主要針對線上交易；

- **PChome 集團**：旗下有支付連、國際連，也是針對線上交易，另外還有 Pi 電子錢包；
- **LINE Pay**：有通信集團做後盾，全臺灣 1700 萬用戶基礎，消費者進入門檻較低；
- 街口支付；
- 中華電信體系的 Hami Wallet；
- 遠傳體系的 friDay 錢包；
- 臺灣大哥大體系的 Wali。

至於三大國際行動支付，沒有例外的，都是綁定本身品牌手機。此外，來自中國的支付寶以及微信支付，也大舉進入臺灣。

至於原本的銀行體系，結合本身的業務進階推出各式各樣的第三方支付，範圍更僅限於該銀行體系有合作的網路商城。

整體來說，FinTech 支付在臺灣要發展，後續如何，還須觀察一、兩年，重點關鍵在於後續的整體周邊搭配。也就是說必須結合更多元化的 FinTech 應用，如此帶來的經濟規模，就會讓更多消費者願意使用這樣的機制。

⑤ 多元化的支付：中國及海外篇

　　第三方支付最早的起源，如同許多科技一般，都是源自於西方。但不同於大部分科技是西方興起、東方跟隨，第三方支付後來卻由中國取得世界頂尖的發展，到今天，中國的第三方支付應用已到了人手一機、無紙交易，統統線上作業的境界。

　　提起第三方支付的先驅，就是美國的 PayPal，早在 1998 年就已創立。當然，那年代還不流行智慧型手機，PayPal 的主要應用面還是在網路購物。特別是在 2002 年，全球最大拍賣網站 eBay 將其收購後，PayPal 已成為 eBay 的主要付款途徑。

　　以這樣的背景成長，PayPal 是美國最大的第三方支付業者。PayPal 是美國最大，但不是全世界最大，雖然其以是很重要的網路付費機制，但卻未著力於線下機制。

　　相較來說，中國阿里巴巴旗下的支付寶，結合阿里巴巴集團的各種 FinTech 金融功能，變成一個多功能的支付工具。

　　身為中國第三方支付的龍頭，使用支付寶的民眾可以有非常便利的應用。首先作為基本功能，支付寶原本就是做為大陸最知名購物網站淘寶網的第三方支付機制，如同 PayPal 之於 eBay，支付寶對應的就是淘寶網，可以提供交易安全保證服務。

　　當雙方在網路上交易，買家的貨款會先由支付寶代為保管，

待確認已收到貨品後，再轉至賣家手中。支付寶扮演信用中間商
的角色，確保交易保障，提昇消費者網路交易的意願。

#支付寶的創立

　　如今已經是世界上最大的第三方支付平臺，支付寶的是阿里
巴巴集團於 2004 年所創辦，原屬於阿里巴巴集團，現在則歸為
阿里巴巴關係企業螞蟻金服。這也是一種業務區隔，阿里巴巴更
專注於網路事業經營，螞蟻金服則專精金融服務這塊。

　　初始支付寶只是作為網路交易的一個安全機制，在當年也尚
未引爆消費旋風，後來逐步拓展，支付寶漸漸變成一個非常方便
的支付工具。最立即的功能，當然是線上消費，後來又結合各種
應用，包括代繳水電費、電話費，乃至於學費、旅費，還有代償
信用卡等等。

　　其實支付寶有一個其他支付工具難以企及的優勢，這也是臺
灣第三方支付工具難以追上的原因，那就是人口優勢。支付寶擁
有數億的用戶，這些龐大的用戶，讓這個工具有更多的可能性。

　　以臺灣的 7-11 發展為例，在臺灣 7-11 就是因為店數多，擁
有龐大的經濟規模，因此塑造的影響力，讓 7-11 後來可以有更
多功能，甚至迫使其他行業轉型。

　　而支付寶的用戶，還不是普通的多，在 2012 年的時候，支付寶的用戶就已經超過八億了。而支付寶也充分應用這個優勢大幅發展，不僅成為國內最大的支付業者，也推出固定面值的支付寶卡，讓海外人員也可以儲值。

　　透過支付寶可以執行的事情：

- 線上消費（基本功能）；
- 和實體銀行合作，支付寶會員可線上儲值，實體提現；
- 線上理財（參見本書其他 FinTech 章節）；
- 線上保險；
- 繳納罰款；
- 繳納生活中的費用如水電費；
- 手機儲值；
- 虛擬錢包功能（別人可以轉帳給你）；
- 搭配餘額寶的進階應用（參見本書其他 FinTech 章節）。

　　當然，中國市場那麼大，不可能只有一家第三方支付，像臺灣只有兩千多萬人口，2015 年一開放，就陸續有超過十家業者投入，中國自然有更多。

　　不談整體的 FinTech 支付，單以具備如同支付寶功能的第三方支付，就有財付通、E 富寶、快錢、易寶支付、LianLianPay、

UMP 聯動支付、YiJJ 易級付……等不下二十家。當然支付寶占有最大的市場，遠遠超越第二名。

　　但即便如此，中國市場還是很大，根據中國 Analysys 易觀機構的分析，光在 2018 年第一季，中國第三方支付的市場規模就已達 403,645 億人民幣，最大的兩家是支付寶與財富通，支付寶占有 53.76%，與財付通合計拿下則超過九成的市占率！

　　40 兆元人民幣真的是很龐大的金額，以對岸為師，無怪乎臺灣的業者也拚命想要發展第三方支付這塊領域。

＃其他第三方支付

　　其實，臺灣第三方支付不只發展速度遠遜於中國，甚至連東南亞地區的第三方支付都比臺灣先進。例如截至 2017 年，在東南亞成長最快速的 MOL Pay，其不僅擁有各種基本的交易功能，並且有著最大的特色之一，就是跨國性的整合，能在貨幣、語言都不盡相同的東南亞市場中，整合了各種不同支付方式。

　　早在 2005 年，MOLPay 的前身—— NBe Pay 已於馬來西亞成立，直到 2011 年才改名為 MOLPay。目前在 80 個國家中，擁有超過 160 萬個實體支付管道。相對來說，臺灣在幾乎晚了十年才有自己的電子支付品牌，並且連在臺灣都尚未普及，更別提國際

化了。

　　最終以長期趨勢來看，第三方支付是不是一種國際趨勢呢？若整個大環境朝無現金社會邁進的觀點，第三方支付是符合潮流的。截至 2017 年，臺灣電子支付個人消費比率大約 3 成左右，綜觀國際，許多已開發國家也都在倡導無現金社會。例如北歐國家，絕大部分消費都已經是非現金交易，甚至規定各商家可以拒絕收受現金。

　　而我們最熟悉的中國，十幾年前我們還認為他們是經濟相對落後國家，曾幾何時，他們已經是數一數二的經濟大國，其電子商務使用率已經超過 50％，在亞洲我們的鄰國韓國，電子商務使用率是超過 70％。臺灣也勢必要追上時代潮流。

　　當然，第三方支付普及的前提就是 FinTech 的發展，過往 FinTech 不普及時，要交易不使用現金也是不可能的。但隨著安全機制成熟，包括雲端科技、區塊鏈等引進，線上機制已經逐漸比實體交易安全。

　　使用實體交易會有金錢遺失、被搶劫以及手續麻煩等缺點，隨著未來科技越來越進步，物聯網的時代，甚至在辦公室就可以遙控家中設備，家中電腦也可以自動偵測家中消耗品狀況，直接線上下單，過程中住戶只要透過手機監控，就可以輕鬆完成整個

程序。當這樣的時候，現金交易就只剩下偶爾零星的消費才用得上了。

第三方支付不是單一的應用技術，其不可能單獨存在。無現金的社會，要搭配的一定是非常普及的系統設備安裝，包括所有店家都能接受第三方支付，整個金融體系從管理到安全機制也都能配合，更要成為人民生活的習慣。當那樣的時代來臨，我們的生活型態將完全改觀。如同現在中國大陸的民間消費型態，已經和十年前甚至五年前大幅不同，臺灣日後也可能會那樣。

對於民眾來說，因應時代的改變趨勢。最重要的還是如何能嫻熟應用各種 FinTech 工具，本章講述的只是 FinTech 支付，後面還包括各種投資理財領域。

對政府來說，包括法律面的訂定，以及實際交易時可能產生的問題等等，都要做好規範。現今已經有許多國家的第三方支付發展蓬勃，也可作為我們的借鏡。

迎接無紙化世界的來臨，你我都須做好準備。

第六章　風險管理進入科技化時代 ── FinTech 保險篇

　　曾經，保險業務員是人們避之唯恐不及，覺得就是來推銷保單的人。現在，保險早已融入整體的金融規畫體系中，人人都有需要，保險業務員也多半不稱自己是保險業務，而會說是綜合理財顧問。

　　現今的金融體系，各式各樣的金融產品早已互相融合，在臺灣，以一個個金融控股中心為事業主體，從業人員要會十八般武藝，信用卡、房貸、保險統統都做。

　　但未來時代的保險，又會是怎樣的呢？當 FinTech 時代來臨，消費、投資都面臨重大變革。處在這樣變革中的金融從業人員以及每一個金融理財者，該如何因應呢？

　　切身的問題，未來誰來承接可能發生的風險？是保險公司，是網路公司，還是新型態的企業體？

　　可以確定的是，未來的保險將更以客為尊，科技帶給你便利，也更重視你的權益。

Ⓢ 重新檢視你的保險

在如今人們生活裡普遍應用的各種金融模式中，保險算是比較近代的產物。消費和儲蓄不用說，自人類有貨幣起，就有這樣的行為。投資和借貸也同樣是自遠古以來就有，甚至連基本的義涵也都一樣。

兩千年以前中國春秋、戰國時代，往返於各國的商人，他們做買賣也做借貸賺利息，當然也會做投資，理財觀念很現代人相同。史上最有名的投資，就是傳說中呂不韋「投資」秦的流亡公子，後來那公子日後返秦接任王位，他的後代就是秦始皇。

但保險則直到 19 世紀才問世，彼時德國鐵血宰相俾斯麥首先創立社會保險制度，其他歐洲國家紛紛效尤，之後陸續朝多元發展，演變成如今各式各樣的保險。

在現代，沒有一個人身上沒有保險的，就連無業遊民也可能擁有一張健保卡。正常情況，一個人從出生開始，就已經加入國家的健保機制，之後到了成人，他所可能擁有的保險，包括工作場合的勞保、自己本身的人壽保險、醫療保險，買車子時附加的車險，買房子也有產險，出國旅行也會保旅平險。

其中，個人投保的險種在近代更是日新月異，不同的金控公司推出各類的產品，不論是投資角度、避稅角度、銀髮照護角度、

子女教育投資角度等，保險已經是一種人人都需要，同時又非常專業的金融品項。

以一個保險公司從業人員來說，他要成為合格的保險金融顧問，要擁有至少三張以上的證照。對許多民眾來說，他們可能懂匯率、懂一點股票、甚至還懂海外債券等等，但除非是保險專業人員，否則很少有人真的可以明確地說出保險的運算機制，以及金錢流通原理。那已是很深的精算學問，乃至於人人都知道保險很重要，但大部分人都不懂自己買的保險是怎麼運作的。

當然，時代在變，如今已是 FinTech 時代，傳統的保險也面臨重大衝擊。

說起來，面對 FinTech 的強大影響，保險專業人員，比起銀行行員，甚至比起證券公司理專，其實衝擊力道還算比較小的。也就是說，他們的被替代性比較沒那麼大。

這可能和一般的認知不同，很多人可能覺得，保險業務不分男女不分學歷，任何人都可以從事，但其實那是只從單純的業務推銷端，任何人都可以當業務員。但若要真正成為一個合格的保險經紀人，則必須進階培訓，一旦經過正式培訓，他的專業就可以帶給他一定的職涯保障。

為何擁有保險專業的人，比較難被取代呢？

一、保險是專業的資金應用

　　一張保單，單從銷售角度來看，似乎就是一個普通商品，一方賣一方買這樣，但實際上，保險卻是牽絆一世的類資產。說是類資產，因為這產品是屬於你，但平日又好像用不到；可是在某種情況下，這商品又可以帶給你很多現金，所以是種資產，卻難以用一般資產（如買房、買車）的概念視之。

　　但在現代，已經有越來越多的高端理財者，懂得藉由保單做各種應用，例如透過保單規畫遺贈稅，透過保單將錢間接信託給下一代等等。就算是一般人，平日除了繳保費外，也會有種種的理賠或年度扣抵稅額等問題。

　　加上保單種類繁多，一個人通常除了幾張主保單外，還附上許多子保單，內容複雜，就算翻幾次保險條文，還是看不懂。因此就算網路再發達，人們已經可以自己電腦下單買保險，但從專業角度來看，保戶還是需要專人服務，這點難以取代。

二、保險牽涉到濃濃人情

　　如同某家信用卡的經典廣告詞：「萬物皆可買，唯有情無價。」保險，正是和人情最相關的產品。試想，在你所擁有的所有金融產品中，哪一項最需要建立人情？儲蓄，可以每次面對不

同櫃臺窗口；股票投資，只要對著話筒交辦就好；消費，更是天天面對不同人。唯有保險，你當初跟誰買，一輩子不太會換人，這人甚至可能比你的同學、同事陪你更久。

古早時候，臺灣還有很多人沒聽過保險的時代，就有許多婆婆媽媽大軍，她們的專業程度一定遠遠比不上現代的理專，但她們的親和力卻可以讓業績長紅。

消費者買一份保單，也結交一生的顧問。年節或生日時，這個人還會送禮，甚至比自己的子女還更關心自己。以人情的角度，這也是 FinTech 無可取代的。就算透過 FinTech 可以得到更多的資訊、更專業的服務，但人們可能還是想找回那個會對自己「噓寒問暖」的保險業務人。

然而，雖說保險理專比較「難」被取代，但實務上，FinTech 已經逐步改變保險生態，卻也是不爭的事實。

FinTech 對保險的影響，可以分成幾大項目來說：

一、大數據時代，改變保險定義

從前保險是一個制式商品，儘管會因應每個人的年齡及身體狀況而有些微的不同，例如年紀越大，相對保費要更貴。但基本的保單架構是一樣的，並且通常是因應公司需要（而非消費者需

求）來規畫，例如公司這一季主推某某保單，那麼所有業務員就使命必達，就算把死的說成活的，也要說服客戶買這張保單。

　　但隨著物聯網的應用普及，透過大數據運算，許多過往的模式都要改變了。以前，保費是怎麼計算的？也是依照大數據，只不過那個大數據是指過往統計分析的「歷史數據」。這數據的範圍很寬，也不夠精細。因此，兩個同樣是 25 歲的青年，職業都是非高風險性的，也沒有重大就醫紀錄，那麼，理論上若保同一個保險商品，他們兩人的保費是一樣的。

　　然而，現代的科技已經可以讓「即時大數據」成為可能。所謂物聯網，萬事萬物都可以聯網，家中電器可以聯網，自己身上的衣服可以聯網，當透過例如偵測器、智慧穿戴裝置等，時時刻刻傳輸數據，所得到的資訊，就可以是最「個人」化的。兩個年輕相同的人，生活習慣及作息不同，透過數據分析，就可以計算出適合某甲的保費，跟適合某乙的保費是不同的。

　　並且隨著每個人的生活成長或轉型，明年的保費也應該可以和今年不一樣，不論是在個人健康險或者車險都應該如此。這樣，一方面比較公平，原本較注重健康的人本就該比不重視健康者要少付些保費，二方面還可以讓保險發揮另一個功能，也就是改變你的生活。

　　所謂保險，就是透過一種機制分攤你的風險。在從前因為資訊不發達，面對未知不知如何應變，所以透過風險管理，可以讓「現在」分攤「未來」的風險。但在如今大數據時代，許多風險已經可以預知了，例如你三餐不定時，檢測出你的體脂肪過高，還有膽固醇等數據都偏紅色，不用找算命師也知道，你的生病死亡率會比生活作息正常的人高。

　　透過日常生活的檢測，結合保險機制，好比說，一個人持續的不愛惜身體，每天喝酒暴飲暴食，透過保險機制，下個月就要調高他的保費。反過來說，一個人若想少繳點保費，就請乖乖的

圖片來源：喬安互助 http://www.intercare.com.tw

節制飲食，調養調養自己身體吧！

　　未來，保險將真的是「保障風險」，而非出事後才付保險金
的那種保險。

二、保險名目更多樣，真正萬事皆可保

　　想想身邊周遭哪些事需要保險？眾所皆知，每個人的「個
人」需要保險，因為一個人若遭逢意外，他的家人可能頓時失去
經濟支柱，那麼就需要保險機制來防治這種狀態。

　　車子需要保險，因為馬路上車水馬龍，車子天天開，很難擔
保五年、十年都安然無恙，一旦出狀況，自己維修還是小事，若
要理賠對方，那可能是天價，所以需要保險機制。

　　其他的狀況都類似，如做貿易買賣，當時運輸途中碰到狂風
暴雨，或是其他不可抗力的危害，讓商品無法如預期完整到達，
若出事風險太大了，需要保貨運險。旅行也怕出現飛機誤點、行
李遺失等狀況，需要旅平險。所有這些保險都是人們可以想像得
到的，這都是傳統的保險。

　　但到了 FinTech 時代，可以保的項目更多了。為什麼呢？重
新找回保險的定義，只要是任何「可能發生風險」的事都可以保。
理論上，每個風險都有一定的時間範圍，不必像人壽保險般，需

要保終身，可以針對某件事只投保「一段時間」。

如果將項目擴大，保險的各種限制去掉，那麼可以保的事情其實很多。透過網路社群，任何人也可以自己「創造」一種保險，然後找「同好」一起來投保，分擔風險。

重機族可以有自己的保險，自助旅行者可以有自己的保險，愛狗愛貓人士可以有自己的保險，模型愛好者可以有自己的保險，只要符合「擔心某件事發生帶來危害，因此找來眾人共通分攤風險」的概念，都是保險。

過往保險都是消費者聽命於保險公司的產品規畫，現在則是反過來，消費者可以自己制定保險需求，再去尋求合適的保險搭配機制。

三、保險應用更多元，既有保障也是投資理財

當物聯網普及化，萬物皆相連後，保險的每個面向都可以改變了。首先，保險的標的物可以改變，不一定要保「人」、保「物」，也可以保「事」。

第二，保險的主導者改變了，從前是某家保險公司，吸收來自各方需要保險者的錢，所以保險公司往往是一個國家級的重量企業集團，但現在只要有適當的平臺，任何人都可以成為一個保

險的「發起人」。

簡單來說，所謂保險就是發生事情的時候，需要很多錢來因應，這些錢怎麼來的？以前就是結合眾多被保險人的資金，平日無事繳錢，一當某人出事，就從「資金庫」裡提錢來賠就好。

現在透過平臺，這個「資金庫」不是某某保險公司，而變成一個投資標的。任何投資方如果對這個保險有興趣，可以投入資金，只要最後「沒出事」，就有額外的資金可做更多投資，若出事了，這平臺也透過眾人之力，分攤風險。

像這樣的機制，不是夢想，而是在國外已經誕生並已具體運作中。具體而言，對每個消費者來說，迎接 FinTech 時代的保險，有幾種新的做法。

1.更客製化的資訊

在 FinTech 時代，已經有針對消費者設計的保險平臺，簡單講就是「無人化保險」。任何人可以自己上網下單，在上面設定條件，或者上網試算各種搭配，然後再聯繫你的保險業務員，更改你的保單。

這種保單也就是「動態保單」，其正式推展必須搭配相關的 FinTech 設備，這也是相關業者可以切入的市場，例如各種偵測

器、智慧型穿戴裝置，以及合物聯網數據運算相關的種種應用，唯有周邊配備周全後，才能落實「一人一價」量身式保單概念。

2.更彈性的付費方式

結合適當的工具，例如搭配保險公司配置的監測器，和保險公司建立新的約定，對每個人採取彈性保費，這樣可以重新調配保險的預算。

所謂的彈性，過往的保險多半是長時效的保險，以壽險來說，是終身保障。當然也有旅遊險這類短暫期間的保險，但適用情況不多。但在將來，會有越來越多的短暫型保險商品問世，特別是結合分享經濟的概念，例如 Uber 司機只在實際駕駛里程範圍內投保。

由於計算得更精細，保費可以節省，但前提是要有正確的數據，這些都有賴各種新興的 FinTech 應用。

3.擴大自己的理財資訊

在未來，保險也可以成為另一種資金管道。你可以成為某個保險專案的保險投資人，也可以建立自己的保險專案。目前臺灣還沒有發展到這樣的階段，但長遠來看，這是不可避免的趨勢。

$ FinTech 時代的保險市場

前面介紹許多保險新概念，但許多讀者會好奇，這些是「現在進行式」嗎？怎麼好像在臺灣很少看到有人在應用？

的確，FinTech 保險這一塊領域，臺灣的發展是比較採取觀望態度，還在緩步前進中。但在國外，很多 FinTech 保險觀念都已落實，並且有一個專有名詞叫做「InsurTech」。

如同字面的意思，保險「科技」，這表示這個領域不只是一種生活應用，背後還需要很多的科技應用，也因此，在全球形成了 InsurTech 新創科技。

由於保險市場非常的龐大，過往都是由幾大保險公司所承攬，未來在 FinTech 時代，透過科技應用，許多的「界線」都被打破了。也就是說，過往本來由保險集團賺的百億、千億龐大保費，現在是誰懂科技，誰就可能瓜分這筆錢，無怪乎許多科技應用早已摩拳擦掌準備投入。

根據「FinTech100 金融科技創新者」報告顯示，在 2017 年整年中，已有高達 270 億美元創投資金，湧入 100 家金融科技新創公司。

而金融科技新創，就是指引用新科技創建新模式，應用在金融領域的公司，這 100 大中，就有 12 家是保險業務相關。表示

FinTech 在保險業的應用是一種大趨勢。隨著大家對保險的認識以及接受意願增高，全球的保費的營收已將近五兆美元。

而 FinTech 保險的推廣，對於本身已經有充沛物聯網基礎的國家，更是發展商機無限。其中的代表就是中國，當今的中國網路基礎建設領先世界各國，可以將不同產業做串聯，消費者每天生活在不同的 App 以及網路機制間，這時候各個環節連結上的風險如何降低，就更需要各種類型的新形態保險。

列舉幾家在 InsurTech 領域做出成績的公司：

1.Oscar Health

以「健康計畫」為專長，他們開發出一套平臺，可以結合你的健康狀況，甚至可以跟醫生保持連線，該平臺針對每個人量身訂做專屬的健康計畫以及保險。每個人只要透過手機，就可以看到屬於自己的數據。當一個使用者，願意乖乖的每天做健身跑步等醫生建議的事項，持之以恆，還會獲得「獎勵」呢！

在 FinTech 時代，有的科技應用可以做到全方位，但也可以專注在一個領域，例如 Oscar Health 就專注業務在健康險上。既然非傳統保險公司，其也不走保險業務銷售路線，而完全是透過網站及手機等連結，每位加入者在初步教導後，就可以自己上網

做各種連結。

2.眾安保險

　　這是一家標準的以互聯網概念為主軸的財產保險公司，銷售與互聯網交易直接相關的企業、家庭財產保險、貨運保險、責任保險、信用保證保險。

　　眾安保險的背後，有龐大的資金支撐，是由包含阿里巴巴、騰訊、平安、攜程……等中國知名企業發起，希望透過互聯網機制，讓參與者得到保障和服務。

　　講白了，就是結合原本就有龐大人口的各大商業應用網站，原本為了保障消費者權益需要有保險機制，而眾安保險就是依存在這樣機制的消費者保險。有這麼龐大的背景，眾安保險從掛牌成立，只花 17 個月就達到市值 500 億人民幣。

　　當然，眾安網也自己開發新的保險商品，全都是具備物聯網概念的商品。內容從最早期的淘寶退貨運費險，到日常生活常應用的旅行、汽車、健康險都有。

　　眾安保險本身不是傳統的保險公司，卻創造了比傳統保險集團更快速的收益。

　　例如眾安保險從電商出發，推出「退貨運費險」，後來引入

大數據與新興科技，與小米手機合作健康管理計畫「步步保」，讓保戶運動量可以跟重大疾病保險定價系統連結，發展出新型態的健康險。

此外還與不同產業合作，例如與空調公司合作「高溫險」、與汽車保養產業合作「輪胎意外保」等，透過開發新的保險族群，打造新的保險藍海市場。

為因應保戶可能對保險不那麼專業，無法看懂相關文字的情況，眾安也設計出更親民、讓保戶更容易看懂的說明，讓保單推廣更迅速。

3.Clover Health

創立於 2014 年的 Clover Health，標榜著改善病人的生命品質，並且以新的醫病關係，讓每個個人透過物聯網平臺得到更多的醫療關注，據以制定新的保險措施。

其最大的特色，是將所有的病人資料庫結合醫療資源，透過網絡形成一個整體的機制。可以監控守護每個人的健康，也透過這樣機制，建立更個人化的保險機制。

4.Friendsurance

這是德國第一家 P2P 保險公司，其最大的特色，保險不是
以個人為單位，而是以「小組」為單位。參加保險者，可以自組
一個「保險單位」，繳交的金額，除了有基本的保險功能，還可
以有投資功能。透過一套公開化的制度，投保人可以讓資金更靈
活應用。

Friendsurance 具備保險基本功能，也就是當投保人出事時，
保證有資金賠償，但本身形式更像是媒合者。我們可以假想一
下，假定國泰人壽或中國人壽等企業，他不是直接賣制式化保險
商品給你，而是打造一個保險平臺讓你參與。

他們媒合願意投入這計畫的人繳交保費，真的出事了，超
過眾人繳交保費金額，背後的保險公司會墊補這筆錢。若後來期
限到了大家都安然無事，保險費扣掉適當的管理費後也會歸還保
人，期間公司也會將保費做專業投資運用。

就是這樣的概念，跟傳統保險模式是不同的。

5.Metromile

這是一家站在物聯網基礎上，打造出的「差異化」保險。如
同前面所說，每個人健康狀況不同，理論上保險的狀況也應該不

同，同理，汽車也是這樣。

　　所謂車險，主要就是交通出狀況，例如發生車禍時才用得到。絕大部分的人開車都很安分，遵守交通規則，有的人甚至連車都很少開，如果這樣的人要和開車常出包的人負擔同樣的車險，這顯然是不公平的。

　　然而雖說不公平，但在過往並無法知曉誰經常開車出包，誰又是交通安全乖寶寶。如今這家公司透過車載裝置、App 與大數據技術，就能建立新的資料庫，藉以實施新的保險標準。

　　整體來看，保險的科技化，原本就是持續在進行的事。只是過往著重的是便利性，例如從傳統的人與人間溝通，進階到可以上網，甚至可以在線上查詢以及購買，乃至於理賠。或者也可以做基本運算，這讓消費者可以更清楚自己的保險性質，以及爭取自己更好的權益。但這樣的變革，都還是以原來的觀念做基礎。

　　當進入 FinTech 時代後，則是對保險這件事有了本質化的改變，連保險的定義都可以更改。以往人們以為要買保險，就是要找金控集團，在臺灣，所有的人投保，都是跟各大金控集團。但例如在中國，眾安保險就改變了這種模式，眾安保險不是金融背景建立的企業，而是網路科技基礎建立的平臺，而眾安保險的優勢卻是傳統金融公司所沒有的。

　　眾安保險的優勢，第一就是網路社群以及背後所連結的幾億人口，這是傳統金控公司無法企及，就算砸再多錢，也不可能一夕間擁有網路流量。再來就是結合電商的運作模式，等於保險已成為消費者電商行為的的一環，如同賣物買物一般的自然，保險已融入日常生活消費模式裡。

　　最後再加上這個平臺背後有幾大的頂尖的中國網路巨人一起投入，這樣的實力，傳統保險公司無法望其項背。

　　直到 2017 年，臺灣的大多數保險業者仍處在觀望階段，至多只發展到可以做「線上投保」業務。其中發展腳步較快的泰安產險，與創星物聯合作，推出駕駛行為計費保險（UBI，Usage

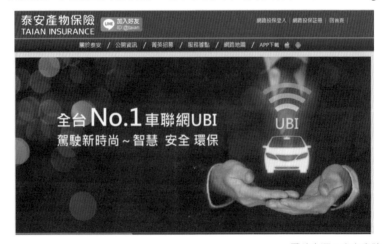

圖片來源：泰安產險

Based insurance），提供駕駛人隨駕駛行為及駕駛時段，獲得動態加減保費的服務。

　　泰安產物保險於 2017 年獲得金管會核准，開辦全國第一張車聯網 UBI 保單，其結合智慧手機與無線通訊，可以依照每一車輛的個別行車紀錄，動態調整保費加減率。如此不但可以節省保費，也可以做到節能減碳的效益。

　　以普及率來看，泰安推出的 UBI 保單，身為該產品業界龍頭，在 2017 年的投保件數大約三千件，還有很大的成長空間。

第七章　借錢存錢都請跟上新時代
── FinTech 存貸篇

你需要錢嗎？

人人都需要錢。最傳統的方式，就是把錢放在銀行，存多少用多少，理論上這樣最安全，存多了還有利息，甚至可以買房子或做生意。

特別是在經歷 2005 年的雙卡風暴後，臺灣至今卡債破百億元，當年信用卡濫發的餘毒，許多人即便步入中老年，仍是債務纏身的卡奴，這更加成為擴張信用的借鏡。似乎應證了人性不可信賴，自以為未來可以還錢的，往往都是過度自信，一旦發現陷入挖東牆補西牆的地獄，還錢彷彿變成永遠無法實現的噩夢。

但，借貸真的是不好的嗎？

實際上，問任何生意有成的人，他們都會告訴你，當市場處在蓬勃發展時，手中有越多的資源，就越能創造更大的效益。好比說，有個限量的名額，一旦卡位，就能坐擁黃金企業的股份，而你原本有一筆款項明天才會到，但這名額無法等到明天，因為

明天的錢無法卡今天的位，這時，借貸就成為必須。

　　此外，以經濟效益來說，當市場上利率偏低時，借錢的成本低，借錢比存錢還划算，聰明的投資人在這個時候，就算身上有錢也先不拿去還錢，而改為投資，甚至還要借更多錢出來投資。事實上，絕大部分的企業家，事業越做越大，自有資金占的比率卻通常不到一半，主要是靠借貸來投資，銀行也歡迎這樣的行為，如此才能創造臺灣更多的建設。

　　所以，借貸是兩面刃，懂得理財的人，透過借貸，可以創造更高的報酬；不懂理財的人，只會寅吃卯糧，陷入債務泥沼。

　　而迎接 FinTech 時代來臨，借貸又來到一個新的境界。過往扮演借貸主角的銀行頓時發現，原本固若金湯賺取利息的金雞母，根本所在地已經地動山搖。錢來錢往，三過家門而不入。

　　這錢到底轉到哪裡去了？

💲 怎麼借？跟誰借？

借錢，當然不是慈善事業；借錢，是為了要賺更多的錢。

從兩千年以前，不論中外，早就有借貸的行業。中國春秋、戰國時期，許多王公貴族不事生產，卻仍能養食客三千，錢從哪裡來？許多都是透過「借貸生息」。

魏晉南北朝時，「金融市場」已很發達，還記得「木蘭詩」嗎？當中就有：「東市買駿馬，西市買鞍韉。」其中的「西市」就是個金融市場。當年的各種借據契約文件，許多也流傳到後世成為古文物。

至於一些專有名詞如「高利貸」、「典當」、「標會」則是現代才出現，基本上，民間借貸行為比正式銀行借貸發展還早，銀行體系過往只做大型抵押貸款，包括信用卡以及小額信貸，問世普及時間都不到三十年。但短短的時間內，卻嚴重考驗了人性，「創造」了許多的債奴。

從民間為主的借貸，到以銀行為主的借貸，關鍵在科技。因為只有銀行體系有資金可以建構債評系統，並有龐大的財源可以提供借貸。況且科技讓各種開發客戶、核貸流程、催繳監督，變得系統化。

諷刺的是，也正因為科技化，撼動了這個市場。

　　現在，科技的進展，又讓銀行為主的借貸市場被大大瓜分，甚至有可能被取代。在 FinTech 時代，借貸的主角又回到民間，你和我都可以是借貸人，也可以是借貸者，但不需要再看銀行臉色了。

　　科技如何影響借貸行為？重點有三個：

1.借貸能力分析

　　借錢給人就是要賺利息，但若借方跑路或還不起錢，就會帶來大大的損失。如何確認借錢的對象會還錢呢？

2.借貸資訊取得

　　有人想向別人借錢，有人想借錢給別人，但彼此都不認識，供給方找不到需求方，有錢放貸，但借方在哪裡？

3.借貸風險承擔

　　錢滾錢最好賺，但投資沒有百分百獲利的，借錢更是如此。想賺錢又不想碰到太大風險，怎麼辦呢？

　　科技可以輕易解決這些問題。

　　從前銀行可以做到以上三項。首先，銀行透過長期的金融存

款互動往來，建立了一個個消費者資料庫，包括職業、收入等。
有了這些資訊，就可以選擇借錢對象，所以銀行有債信評等。

再者，不論是借方或貸方，大家彼此都不認識，但大家都透
過銀行理財啊！所以就由銀行扮演中介的角色，有錢的人就把錢
放我這吧！給你一點點的利息。但銀行卻可用高很多的利息，把
錢借給很多人。

至於風險，反正銀行財大氣粗，可以承擔一定的風險。一百
個借貸者中，絕大部分都有繳款就好，剩下小部分的黑名單，他
們欠債無損銀行的根基。

於是銀行透過科技，掌握了借貸這塊市場，並且一直平安無
事，直到雙卡風暴爆發。

現在，銀行借錢變得保守很多。回歸傳統的企業借貸為主，
至於信用卡核發以及各種信用貸款，規模已經縮小很多。然而，
這世界仍多的是想用錢的人，怎麼辦？民間固有的管道繼續暢通
著，包括當舖、汽車抵押借款，各式各樣的地下錢莊，以超高的
利息，提供急需的資金。

但後續衍生出很多的社會問題。借錢應急無可厚非，但若借
個十萬元，卻永遠還不完，都還了上百萬了本金仍未「還清」，
就真的太誇張了。

好在 FinTech 時代來臨，借貸市場，有了全新的契機。

回到上面三個問題。FinTech 如何因應呢？

1.借貸能力分析

拜科技之賜，如今已進入大數據時代，可以大量分析消費者習慣。而這個科技的主角是誰呢？不是銀行。銀行只是科技系統的購買者，但不是大量應用者。最大量應用者是掌控網路的企業，例如阿里巴巴，其掌控的大數據資訊是非常驚人的。有了這樣的數據，就可以更精準的抓到借貸市場。

2.借貸資訊取得

資訊在哪裡？從前都由銀行掌控，到了現代，雖然網路發達，但除非是駭客竊取機密，否則一般人仍不可能知道其他人的財務資料。

然而，若有個平臺讓資訊公開呢？我需要錢，就直接對外宣布，不是很透明嗎？只不過這個平臺要很夠力，具備公信力，才能擔任平臺的角色。而在 FinTech 時代，許多的網路大企業，就具備這樣的公信力與中介實力。

3.借貸風險承擔

風險誰來承擔？以前在銀行時代，承擔方式有兩種，第一是傳統個人擔保，第二就是自己認賠了事。前者包括房貸、車貸，後者就是後來氾濫到爆的各種個人信貸。

但到了 FinTech 時代，透過科技媒合，風險不用再擔心了，透過平臺彙整很多有閒錢的人，再借給經過評估有借錢需求也估計可以還錢的人。風險分擔出去了，平臺業主藉由資訊力，掌握中介力。

就這樣，在 FinTech 時代，借貸主角換人了，由網路大咖取代傳統的金控。網路大咖誰可以扮演？不是有錢就好，要有科技才行。以此角度來看，銀行也可以透過研發科技搶回借貸角色。但看的是誰夠專業，誰能讓消費者買單。

FinTech 借貸包含的不只是平臺機制，首先要有資訊流，能夠長期大量的掌控各種資訊，而做為平臺，也需要具備一定的審核機制、評分機制、追蹤機制，乃至於最後還債期限到了，借方沒還錢，平臺業主不能拍拍屁股說不干自己的事，平臺也須有一整套的遊戲規則。

統合來說，FinTech 時代借貸有了以下四大改變及保留：

1.改變了借貸的流程，但保留了借貸的核心要求

借貸者，現在可以不用再一家一家銀行拜託，或者逼不得已去求助地下錢莊，現在甚至在家也可以上網借錢。

但基本不變的，借錢者要提供自己的資料，若要讓自己的評等增加，就要設法透過撰寫企畫案等方式，讓自己身價提高，別人才願意借你錢。

2.改變了借貸的管道，但保留了借貸的基本精神

借貸就是一方有急需，願意付利息，用未來承諾換取現在。借貸需有借有還，這是不論任何時代都不變的。在 FinTech 時代，則是改變銀行的定位，銀行被迫必須因應，否則借貸管道，已經拓展到其他平臺了。

3.改變了借貸的風險分攤方式，但保留金錢原本的規則

時代再怎麼變，錢還是錢，錢只是工具。不論借錢的人把錢拿去投資事業、出國旅行還是賭博，錢都只是一個價值的移轉。但當有風險發生，以前是靠借錢者催討，甚至派出黑道討債。

現在也是一樣欠債需還錢，但透過 FinTech 平臺，有個風險分攤機制。欠債者若不還，不只影響其在某個特定機構的名聲，

整個人也在網路市場臭掉，不可不慎。

4.改變了借貸的應用，但保留了借貸的基本規則

　　從前手上有閒錢的人，也是想透過借貸來增加利息，別的不說，民間流行的標會其實就是一種借貸。但這種借貸風險很大，並且規模有限，若過程稍有不慎，還會觸法。

　　但透過 FinTech 平臺，借貸變成一種「公開的投資選擇」，借貸在平臺裡變成商品可以挑選、可以計算，並且最重要的是有後臺（這後臺的資金比傳統的金控還大）可以保護。

　　但最終，借貸的基本規則，借錢一方要還，借貸方也要承擔一定風險，不是百分百借出的錢都一定沒問題，這點也是參與者要知悉的。

　　以上是 FinTech 借貸的基本門檻，有辦法可以做到以上所列事項，掌控資訊、評核、風險管控的人，就可以在這個市場上取得優勢。

　　而具備這樣資格的人還真的不少。目前在中國及歐美，FinTech 借貸不但已經展開，並且已進行一段時間了。以下就來看看這些機構。

⑤ 各國的 P2P 借貸平臺

就好像賭場般，最賺錢的永遠不是賭客，而是作莊的人。站在龐大的金融市場上，有人要借錢，有人有閒錢可以借。不論是貸方或借方，都要貢獻錢給我，這就是莊家。只是這莊家不是人人可當，要具備 P2P 平臺資格的才行。

所謂 P2P，直白來說就是「人」對「人」。某甲可以和某乙借貸，但要由我做莊家，就是這個意思。

#臺灣的 P2P 借貸平臺

新的平臺之所以可以取代銀行，重點在於 P2P 資訊技術，這之間包含電子支付、大數據分析、物聯網科技等，當然還需搭配法律上的應用。

許多原本銀行才能做的事，透過科技化應用，讓非銀行業者也可以做，就是 P2P 的可貴。

臺灣的 FinTech 發展速度比較慢，一方面市場規模較少，二方面各種法律規範嚴重落後。過往經常發生的狀況，一件事情，要嘛管制嚴格，例如戒嚴時期的臺灣，但一開放，又變成過度氾濫。好比說報禁開放、媒體開放、大學開放，都是這樣。

銀行也是曾經百花齊放，衍生出臺灣銀行分行過多、競爭奇

大的問題，接著為了搶業績，爭相發放信用卡及做小額信貸，終於爆發雙卡風暴。

但開放太多之後，又矯枉過正，變回保守，然後又是管制過多。在臺灣，雖然國家高喊要進入金融 3.0，但在專家眼中，臺灣的金融落伍世界先進國家，不是只有一、兩步。

FinTech 雖高喊入雲，但你說要轉型就轉型嗎？不容易，幾乎到了要砍掉重練的地步。包括電腦軟體過時，各種系統不相容，以及一個很大的問題，那就是政府管太多。

最終銀行業之存活，竟然是靠著政府的保護政策，即便整個世界金融有了多元化的發展，但透過法令，許多事在臺灣都不能做，也藉此保護臺灣金融界不必與世界競爭。

在這樣的前提下，作為銀行最主要的收入來源——借貸業務，在臺灣還是由銀行主控。

因此在臺灣，多半人要借錢還是找銀行。信用不佳者，就算有滿懷的抱負夢想，就是借不到錢，只得去找地下錢莊，之後陷入債永遠還不完的噩夢，乃至發生舉家自殺或是為錢挺而走險的悲劇。

當然，臺灣也必須追上世界腳步，目前也開始有幾個 P2P 借貸平臺，但在技術面以及擔保面，仍無法和世界級的平臺相比。

臺灣目前的 P2P 借貸平臺，比較大的三個：

1. 鄉民貸

是臺灣第一個 P2P 網路借貸平臺，投資門檻非常低，同時債權還可以轉移，申請的貸款最快 3 天內即可拿到貸款金額。

2. LnB 信用市集

2015 年底成立，純粹提供平臺服務，不涉及資金，不賺取利差，目前僅限臺灣民眾申請。

3. 哇借貸

若以成立時間來看，其於 2007 年成立，是臺灣最早有提供借貸服務的平臺，介於民間私人借貸機構與現代化 FinTech P2P 平臺間。

其實臺灣的金融法規並沒有特別規範 P2P 借貸，2016 年 6 月 29 日，金管會對外說明針對網路借貸平臺（P2P）方案確定不立專法，並初步規畫開放銀行跟 P2P 業者合作辦理 P2P 業務，銀行也可自行設立 P2P，主要還是在保護銀行。

民間的 P2P 機構，一方面技術上有沒有達到國際水平，二方面有沒有足夠的會員基礎，這些關鍵，其實銀行本身資源還要更多。但銀行卡在本身受舊有的系統所累，更新緩慢。

民間的 P2P 又難以建立一個雄厚的平臺，畢竟在臺灣並沒有像阿里巴巴這麼強大的網路流量做基底，因此，臺灣的 P2P 借貸還有很長的路要走。

歐美的借貸平臺

以全美規模最大，同時也算是 FinTech 借貸鼻祖，P2P 網路借貸平臺 LendingClub 來說，其誕生於 2006 年，正是金融海嘯後年代。因應許多人想借錢，但缺乏擔保品，然而傳統銀行因審核嚴謹不肯核貸的情況，這個平臺的誕生，標榜著可以創造借款者及貸款者的雙贏。

過往以來，銀行不只是借貸平臺，本身也是債權人，因此，當發生雙卡風暴時，銀行本身就會是受創者。但 LendingClub 不是銀行，借錢給人的不是它們，所以不需要擔心錢有借無還的風險。

這風險當然還是要有人承擔，但已經分散給廣泛借貸者，從這個角度來看，其實就是一種保險的概念。

　　至於收入來源，LendingClub 收取的是交易費以及服務費，包括向借款人收取貸款成交額的 1％到 5％，也向投資者（也就是貸款人）每期從借款人那裡回收本息的 1％。

　　這個平臺可以成功運作，有幾個重點：

1.LendingClub 雖不是銀行，但還是有跟金融體系合作。

　　透過與美國聯邦存款保險公司（FDIC）擔保的猶他州特許銀行 WebBank 合作，由 WebBank 向通過審核的借貸用戶放款，WebBank 再將貸款以憑證形式賣給 LendingClub，並獲得由 LendingClub 發行會員支付憑證的資金。也就是說，當平臺上出現呆帳時，將由 FDIC 授權的擔保銀行 WebBank 承擔。

2.LendingClub 建立自己的評核標準

　　其實這個標準也不低。大部分人如果在銀行體系不符合標準，那麼很可能在這裡也不符合標準。只不過比起銀行體系，LendingClub 透過大數據分析，可以提供更精準的分析，並且據以區分從 A1 到 G5 一共 35 個評級，不同級別有不同的利率，對投資者而言風險也不同。如此，其應用彈性就比傳統銀行體系要寬廣許多。

3.透過網路平臺找尋更多客源

這是 LendingClub 另一大利基，傳統銀行只能靠業務及行銷人員，每月拜訪或電訪找出可能的客戶。但 LendingClub 與臉書結合，於 2007 年推出 Facebook 上線「合作性的 P2P 貸款服務」，Facebook 用戶在 LendingClub 上註冊，註冊信息就會顯示在用戶的 Facebook 頁面上，這讓可能的客源源源不絕。

4.國際化合作

之後 LendingClub 更與阿里巴巴達成合作，提供向阿里巴巴位於中國的供應商購買存貨的美國小企業提供融資。到了 2016 年，中國盛大網絡創始人陳天橋收購了 LendingClub11.7％的股份，這讓 LendingClub 更加深入非英語系市場。

＃中國的借貸平臺

講到 FinTech，全球 FinTech 最蓬勃發展的還是中國。

其中 P2P 借貸更是興旺，和中國相比，若中國是研究所等級，臺灣還只是幼兒園小班。就以家數來說，中國的 P2P 借貸平臺竟然高達 4000 個以上。看起來，在大陸不愁借不到錢了。

然而世上「有一好沒兩好」，中國借貸平臺多，但風險也很

高。依據 2016 年中國銀監會的統計，中國這麼多的 P2P 借貸平臺，有超過一半都是有問題的。

管理環境不佳還是其次，有的平臺根本就是詐騙來著。以 2016 年當時統計來說，中國在這些平臺累積的未償還貸款，超過高達六千億人民幣。

無論如何，中國的 P2P 借貸，不但遠比臺灣發達，也是世界上營運量第一的 FinTech 大國，這點無可爭議。

1. 陸金所

在中國，最大的 P2P 借貸平臺無疑就是「陸金所」了。事實上，它已經不是單一的借貸平臺，而是一個線上理財集團，在陸金所底下還有七個子平臺。陸金所也是全球估值最高的線上理財公司，所提供服務的範圍包括個人投資理財，也做債權轉讓。

圖片來源：陸金所

2. 宜信 CreditEase

總部設於北京的 CreditEase，創立於 2006 年，是中國大陸目前最大的 P2P 借貸之一，服務範圍則涵蓋中國大陸 232 城市和 96 個鄉村地區。以個人貸款為主力業務，平臺包含「精英貸」、「新薪貸」、「助業貸」、「宜學貸」、「宜農貸」、「宜車貸」、「宜房貸」等產品，依照個別的定義，提供不同族群的貸款。宜信曾獲頒《IT 經理世界》「金融服務最佳創新獎」，在中國，是 FinTech 觀念領先的金融平臺。

圖片來源：宜人貸

中國的 P2P 借貸機制發達，走在尖端的他們，也藉由發展過程呈現了多樣的問題面貌，可供其他國家借鏡。直白來說，P2P 借貸可以說是憑正常管道在一般銀行借不到錢的人，另一種借錢的管道。

　　既然銀行不願意借錢，就表示這個人或多或少有一些問題，因此可以想見，P2P 借貸一定會引發糾紛，這就牽涉到監管的制度以及風險承擔問題。如何做好這兩個環節，是 P2P 可否成功的關鍵，否則，任何財團都可自己建立 P2P 借貸，但若不能做好後續，這平臺就沒有意義。

　　中國大陸互聯網金融發展最為成功的案例，是阿里巴巴的小額信貸業務，即「阿里金融」。和傳統的信貸模式不同，阿里金融運用互聯網數據化經營模式，結合里巴巴、淘寶網、天貓網等電子商務平臺上的小微企業、個人創業者提供可持續性的、普惠制的電子商務金融服務。

　　但如何解決風險承擔問題呢？ 2013 年中國三強：阿里巴巴集團、騰訊和中國平安聯手建立的眾安在線財產保險公司，得到了保監會的批文，「眾安線上財產保險」由此成為首家互聯網行業的創新型保險公司。如此，便有了風險承擔機制。

　　但在中國，P2P 借貸平臺仍然問題多多，有倒閉的，有個資外洩的，還有創立幾個月就惡性捲款離開的。不過，撇開在數千家 P2P 中難免會有的惡質企業，大多數原本中國的網路大企業，都不會錯過 P2P 機制的應用，包括阿里巴巴、騰訊、百度、京東、奇虎 360、搜狐、網易、新浪、攜程、小米、樂視……，只要在

　　互聯網界有一席之地的，運用網路會員為基礎，就可以開拓自己
的借貸平臺。

第八章 只要有想法，就讓你找得到錢
—— FinTech 籌資篇

如果身上有閒錢，不打算用來吃喝玩樂，也不想要放在保險庫裡發霉，那麼可以做的選擇很多。可以買股票、買基金，甚至買金額更高的房地產或土地，以資金運用的角度來說，這些都是各式各樣的投資。

但如果不想做投資，想做點「利他」的事，像是捐錢助人、投身公益、成立基金會等等，或者覺得這世界已經很多人在捐錢了，想做點不一樣的事，還有什麼管道呢？

其實一直以來都有這類的管道，市場上吸收閒錢的傳統管道有三種，第一種就是歷史悠久的各式宗教捐獻（不論是最簡單的廟宇香火錢，或者參與大型的法會盛事都是）。

第二種是最符合臺灣真、善、美特色的愛心公益，從社區老人愛心餐贊助，到捐助國內各愛心團體，乃至於遠到非洲救濟飢民都是。

第三種就是屬於才藝贊助了，例如假日去廣場看到街頭藝人

表演很認真，投個一百元，這是贊助，協助某人圓夢，好比說環遊世界、要發明新產品等，這也是贊助。

以上三大類管道，都是行之有年，以最直接的方式，也就是面對面，或者傳統的郵局劃撥，就可以達到的。

但到了 FinTech 時代，這樣的資金運用有什麼新的轉型呢？

$讓夢想與資金對接

讓錢流到更有效率的地方，這句話不僅對個人來說很重要，對整體社會來說也適用。

對個人來說，若有筆錢放在甲投資管道，投報率是 10％，放到乙投資管道卻有 15％，那麼乙投資管道比甲投資管道要來得有效率。也就是對個人來說，透過乙管道賺錢會比較「快」。

但對整個社會來說，錢的效率更重視分配。對富豪來說，他今天多賺了一百萬元，只是帳戶多些零頭，不影響他生活，他甚至根本沒特別察覺這件事。

但若這一百萬元可以跑去某個有夢想的團隊手上，他們可用這一百萬元製作出一張感人的音樂作品，這作品後來廣為流傳，感動很多人，讓原本沮喪消沉的人們有了希望，間接幫助許許多多的人心靈成長。

錢跑去哪裡，這件事很重要。問題是，這樣的需求不同於一般的經濟需求。根據市場法則，當需求提升，自然產生供給，反之，當供給過多，也會自然因邊際效用遞減，而降低供給誘因。但這件事卻不適用在夢想市場，理由有二：

1.人人都有需求

以上例來說，那個音樂團體需要這一百萬元，但對那個富豪來說，如果你真的要他捐出一百萬元，他可能不同意。因為他雖然有錢，但他認為他仍有需求，這一百萬元拿去給樂團，多浪費？倒不如發給公司員工，當作抽獎獎金，贏得員工感戴，這還比較實際。同理，世間有夢，但若人人都有夢，就代表人人都有需求，這樣，市場無法得到滿足。

2.定義認知不同

在一般市場，甲商品若受歡迎，自然有漲價空間，吸引大家來買。但夢想市場是「摸不到」、「不確認」的，所謂夢想是見仁見智的，有人想要發明一個新的應用模式，但有人認為原來的模式更好；有人想要圓自己的夢，但別人會認為你的夢與我何干？在廣大的夢想世界裡，就如同愛情世界般，總有某個人和某個人是對味的。只是，你怎麼知道呢？

從前，夢想與資金要對接，方式有限，包括透過政府做中介，邀請企業贊助青年，或甚至政府直接提供各類補助，或者有青年直接寫募資企畫案，列出「投資我的夢想有什麼好處」，然後一一試著投遞到企業集團。後來，臺灣開始也有類似募資網這

樣的媒介，但規模尚未大到普遍吸引人。

　　真正的 FinTech 眾籌，所謂「眾」，就是要能吸引到廣大群眾。透過 FinTech 技術，要能做到整合資訊、媒合資訊、追蹤資訊以及處理資訊。所謂資訊，分成兩端，對需要贊助的人來說，資訊當然是指可以提供資金的人；對於有閒錢的人來說，資訊就是代表「值得投資」的對象。

　　對需求者來說，他們需要的是籌資的平臺，對資金付出者來說，則目的多樣：

1.捐贈

　　從歷史來看，古代富有的員外捐贈廟宇換取名聲，乃至於死後世界的幸福承諾，那時就有這樣的資金付出行為。這筆錢沒打算拿回來，但也不希望錢像丟到水裡般泡沫無蹤。因此現代的捐贈，會希望資金透明化。

2.債權

　　以此角度來看，其實籌資者就等於是在借錢。只不過這樣的舉債通常是以團體名義，若是個人，就直接去P2P借貸平臺就好。至於債權，一定代表著某種投資，預計將來有報酬的。當有夢想卻缺乏資金，透過眾籌，募集了可以圓夢的錢，一旦夢想實現了，

當初借來的錢還是要連本帶利還的。

3.股權性質

　　如果說債權式的投資，眾籌者要的是資金。那麼，股權式的投資，眾籌者在拿到資金的同時，還必須把夢想也讓投資者「參與」。這概念就跟股份有限公司的股票概念一樣，只不過股份有限公司有經過公司法核可的登記流程，夢想的股權卻比較抽象。

　　通常在圓夢後，也會真正成立一個類似公司的機制。好比說，電影公司可以募資拍部電影，並以這部電影為核心，設立一個法人機制，並明列股權。

4.商品（或稱權益、獎勵）

　　投資人將資金給眾籌者用以開發某種產品（或服務），投資人比較像等產品（或服務）製造完成後，眾籌者按照約定把開發的產品（或服務）無償或低於成本的方式提供給投資人的一種方式。這種類型的眾籌投資人比較像消費者，等於在預購某件尚未生產的商品（或服務）。

　　從上面所列來看，當一個人有閒錢，透過眾籌平臺，把錢付

出去後，其所得有兩種極端。一個極端是純付出，但不求任何回報，另一個極端是付出一分，回報可能五倍、十倍。在兩個極端間有各種可能，好比說，投資一個藝術家的創意，所得回報可能就是一張專輯，其實就等同於預購的概念，一般我們買商品是看到實物才購買，但眾籌投資是沒有實物就先付錢。

以心態來說，有的人純粹想要幫助年輕人，有的人則是想要投資獲利或購買商品，目的各有不同，但卻都可以透過同樣的平臺。因為在 FinTech 科技下，透過完整的資訊流，可以清楚的列出有哪些「標的物」可以選擇，這些標的物也就是一個個夢想，在平臺上都要說清楚、講明白。包括夢想者的本身背景，夢想本身的描繪以及夢想到底要如何落實，一旦講清楚後，願者上鉤，這之間價值無論，就是平臺展示。

臺灣在 2015 年 4 月底正式開放群眾募資平臺的設立門檻，有助於中小企業或個人在合法的募資平臺裡，依照需要從市場裡募集資金、客戶、名氣、新的商業模式認同。

⑤ 各國的眾籌

純以群眾募資來說，起源可以很久遠，例如古時候鄉下青年要進京趕考，若家貧但本身的確有實力者，鄉親們可能就會集資襄助這位青年，他日這青年飛黃騰達變成大官，也可回過頭來造福鄉里。

撇開慈善救濟，單以贊助「夢想」來說，募資的發展史就等於是媒體發展史。也就是媒體發展到哪裡，募資的方式就拓展到哪裡。最早好比樂團透過巡迴演唱募資，後來透過收音機、透過電視，到近代當然就是透過網路。但發展成一個專屬募資平臺，在臺灣只有短短幾年歷史，在世界，也是遲至 2007 年才有這樣平臺。

#歐美的眾籌平臺

全世界公認歷史最久，也經營最成功的兩個募資平臺，分別是 Kickstarter，以及 Indiegogo，前者成立於 2009 年，後者更早，2007 年就創立。在成立之初，就定位自己是圓夢的搖籃，實際上，也真的有許多產品，透過這樣的平臺，得以夢想實現。例如智慧手錶 Pebble 就是有賴眾籌平臺提供資金，才得以讓產品問世。

只不過隨著科技的進步，各種過往不能執行的事，逐漸成為

可能後，這類平臺也逐漸演化。過往，大部分眾籌偏向於「支持」性質，就是大家掏錢協助圓夢，但不指望回收。現在則不僅開放一般民眾在平臺上掏錢支持產品，還開放他們成為這些未來新創之星的股東。

當然，贊助是一回事，投資又是一回事。前者錢丟出去就沒事了，後者還牽涉到投資法律。

以美國來說，在過往，如果募資者是一家新創科技企業，一般人是不能投資的，但如此造成的結果，許多很有潛力的商品，只有創投公司可以投資，那些創投公司本身資金就已經夠雄厚了，一旦商品發光發熱，又可賺更多錢。相對來說，一般老百姓永遠無法獲得投資新商品的好處，變成富者越富，貧者越貧，因此法律的更改有助於讓更多人參與。

現在在 Indiegogo 群眾募資平臺，任何人都能夠以自己的錢，並且不用一定要龐大資金，就算只有幾千美元，也可成為潛力新創公司的股東。

#臺灣的眾籌平臺

相對於 FinTech 支付、FinTech 保險等其他項目，臺灣的 FinTech 發展遠遠落後其他國家，但至少在 FinTech 眾籌領域，臺

灣目前家數已經超過十家。

1.FlyingV

以平臺本身來說，早在 2011 年就成立，標榜「用你參與的事，定義生活方式」。初始比較是屬於公益性質的平臺，現在則發展多元，是目前臺灣最大的眾籌平臺。

任何人可將夢想作成提案，依照平臺分類成設計、藝術、音樂、遊戲等領域，把提案公布後，有願意投資該夢想的人就可以參與。

在 2014 年「太陽花學運」期間，又從 FlyingV 獨立出 VDemocracy 平臺，專為社會運動募資使用。因為在募資實機上有驚人成績，所以是目前臺灣最知名也最大的募資平臺。

2.ZecZec

中文名「嘖嘖平臺」，創立於 2012 年，目前是臺灣僅次於 FlyingV 的第二大群募平臺。包括招募資金以及贊助人次都非常可觀，作為先驅者，其所累積的公信力讓這個平臺非常有人氣。

知名的案子也很多，包含創下臺灣群眾籌資金額紀錄的八輪滑板，還有 3D 印表機等。平臺經營的資金，是從眾籌中扣除 8%

費用，作為金流處理及營運資金。

3.群募貝果（WeBackers）

自遊戲橘子內部創業的「群募貝果（WeBackers）」是一個自許可以成為創新、創意、創業夢想的群眾募資平台。希望能夠藉著集團與豐富網路資源及重量級合作夥伴，幫提案人找到外部的資源，並與國外平台對接。

4.其他眾籌平臺

除了以上三大平臺外，臺灣其他的眾籌平臺比較偏向小族群，各有其專屬的粉絲。NPOchannel 以社會公益活動為群募平臺的主要目標，是目前臺灣最大的公益性質群募網站。

Fuudai 透過 Paypal 贊助每個專案，若專案成功，需收取 5％平臺服務費及 5％的 Paypal 金流服務費用。

HereO 專案類型偏重於工業設計、音樂、藝術表演及出版相關，LimitStyle 是一個為設計師而成立的群募平臺，Red Turtle 平臺以社會公益主題為主。

這些眾籌平臺，對於有夢想但缺少資金的年輕人或新創公司非常有幫助，透過這樣的平臺，讓臺灣有機會誕生未來的明星企

業或明星商品。

#中國的眾籌平臺

在 FinTech 發展上已經領先全球的中國，在眾籌領域更是百花齊放。不同於臺灣的眾籌以理想、感性為主，在中國的眾籌則比較「務實」，也就是在中國，這些平臺的參與者，真的是以「投資」為著眼。透過 FinTech 機制，所有的投資項目也都有分類評等，據以讓投資人作分析。

如同其他 FinTech 項目般，中國的眾籌平臺背後，一樣是有龐大資金及網路實力的大企業集團。中國的募資平臺在籌資成功後，大多並非以成功研發或執行的相關產品或服務做為回饋，而是採用股權眾籌的方式進行募資。

也因此，在中國經常一個專案，靠眾籌為主的資金可以高達八成以上，自有資金或其他企業資金相對比較少，這也可能衍生後續的管理問題。

在中國，眾籌比在臺灣能得到更大的發展，理由之一非常明確，那就是中國大陸人口多。所謂眾籌，有「眾」才能籌，也因為人多錢也多，因此在中國，人人都想參與眾籌。缺錢的當然要來眾籌，就算不那麼缺錢，也會透過眾籌來宣傳，重點已經不是

募到多少資金，而是獲得多少「曝光度」。

根本上，眾籌的核心觀念就是「團結力量大」，這團結力量可以用來募資，也可以用來打知名度。但在實務進行上，重點還是遊戲規則，例如，要募多少資金？要在多少時間內募資？投資者的權益是什麼？資金如何監督？有沒有退場機制，也就是夢想若沒實現，投資者可否退出？

中國的募資平臺非常多，自 2011 年起算，目前仍在營運中的眾籌平臺超過五百家。其中三巨頭是京東、淘寶、蘇寧。市占第一的京東眾籌，因為最早投入市場，建立最早定位，阿里巴巴加持的淘寶眾籌以及蘇寧眾籌則緊隨其後，這三巨頭市占已近七成。

第九章　讓你真正做到聰明理財
——FinTech 投資管理與市場資訊供應篇

對一般民眾來說，理財管理已經是生活中不可或缺的一環。

兩個原本財力一般的人，只因理財方式不同，很可能未來財富差距越來越遠，可能一年後相差個幾十萬元，十年後雙方的財富差距更是好幾倍。

然而，如果大家所使用的理財選擇就只有那幾種，怎可能讓雙方財富差距那麼多呢？重點除了基礎的財商外，更重要的關鍵就是使用的工具。

前面介紹 FinTech 六大領域中的前四個，都是與民眾息息相關的，包括 FinTech 支付、FinTech 保險、FinTech 存貸、FinTech 眾籌。世界上現今都有許多的應用平臺，讓懂得新觀念的民眾，可以透過善用這些平臺，藉以理財致富。

但 FinTech 的另兩個領域，FinTech 投資管理以及 FinTech 市場供應，則比較屬於整體的觀念以及技術應用，其中許多的觀念，主要必須由供應端來思考，好比說，如何提出一個更「聰明」

的平臺，共資訊化的管理機制等等。

這些應用必須持續推陳出新，沒有一個止息的境界。

以投資管理來說，原本是透過銀行管理你的錢，但銀行真的是最佳的管錢受委任者嗎？

以各種投資市場資訊來說，原本我們聽的都是來自理專的意見，但那些理專提的意見真心為你好嗎？他們是將所服務的銀行以及自己的佣金列為第一優先，還是真正將你的獲利列為第一優先？

也許，有一天我們拿回金融主導權，我們會發現理財的天空更加遼闊。

$ 拿回你的金融主導權

不論時代怎麼演進，這世界總有變與不變。

不變的是什麼呢？經濟市場天平的兩大端點：供應與需求永遠存在，只是相對應的方式持續在變。從古自今，人們總是有需求，因應需求也總是有供應方提供商品。或者反過來，供應端也會創造需求，當然最終需求不能強迫而來，只要能成功創造出需求，那麼供應商就可以因供給而獲利。

自古以來，所謂「資訊的落差，就是財富的落差」，回首經濟史的發展，總是掌握資訊的人獲得利益。工業革命以前，資訊掌握在貴族與大商人手中，人民的生活從最基本的食、衣、住、行等保障，到生活各層面的需求，經常要看那些有權有勢者的臉色。

工業革命後，因為大量生產以及技術逐漸普及，供給的價格大量降低，民眾的選擇多了，他們逐漸從原本的生活需求者，變成具備挑選權的消費者。其實從千百年前就有消費者了，只不過當時他們只算是花錢在有限的市場中挑貨物的人，到了工業革命逐步帶來供給的多樣性後，消費者意識才能逐步抬頭。

但不管消費者意識多高漲，也不管服務業總是說「以客為尊」、「消費者最大」，在現實生活中，還是掌握資訊者最大，

特別是在金融領域更是明顯。最明顯的例子，就是多數人一進入銀行，還是會感到自己是處於資訊弱勢。除了少數擁有高財商觀念或實務理財經驗的人外，一般民眾每到銀行或各類的金融機構，面對衣裝筆挺的「專業人士」，最終往往將金融決定權交給對方。

保險該怎麼買？不懂。交給專業人士操作吧！

基金該買哪檔？何時買何時賣？不懂。還是交給那些理專吧！只不過他們總不忘跟你強調「投資有賺有賠」，意思是賺到錢了，你可以謝謝他們，如果不幸賠了，你得自己買單。

錢該怎麼存？怎麼投資？怎麼管理？不懂。總之，還是交給專業人士吧！

什麼是 FinTech 革命？簡單講，FinTech 革命就是將以上所列的情況打破，讓主導權可以回到民眾的意思。為什麼？重新再強調一次「資訊的落差，就是財富的落差」。

FinTech 是什麼，FinTech 帶來的就是資訊變革，因為資訊變革，從前做不到的事，現在就可以做到了。以投資領域來說，FinTech 投資管理，對個別投資者來說一個最重要的特點：

#賦權投資

就是透過資訊技術上的突破，讓過往總是由金融單位主導的「智慧掌控權」重新回到消費者手上。

賦權投資在管理學上有很接近的名詞「賦權管理」，賦權是對管理風格的一種描述，其含義非常接近於授權，主要是指讓下屬獲得決策權和行動權，意味著被賦權的人有很大程度的自主權和獨立性。

應用到 FinTech 賦權管理，那麼把每一位民眾比擬為員工，相對來說擁有金融管控權的銀行就好比是那位主管。被賦權者擁有很大程度的自主權和獨立權，意思就是現在我們做理財的民眾們，可以不用凡事都被理專的建議牽著走，而是可以自己做很大的抉擇。關鍵因素就在科技的精進，讓從前不可能的事，現在變為可能了。

1. 從前想理財，但我們資訊不足。我們一來沒有金融理財的學術專業，二來沒有精密分析市場的工具。然而因為大數據分析，以及區塊鏈安全認證機制等的誕生，以前不可能獲得的資訊，現在可以了。

2. 就算有了資訊，我們仍擔心不懂判斷。這是因為從前市場資訊的主導者是金融界的專家，我們就算手中握有一

疊市場情資，好比說各檔股票整年的趨勢圖，或者股市名嘴們的整套投資分析，但我們還是不敢做抉擇，畢竟面對市場時，我們總感覺自己是單槍匹馬奮戰。

但透過 FinTech 賦權管理，消費者找回了自己的金融主導權。

例如以前投資理財要透過理專，現在透過擁有賦權管理特性的 FinTech 平臺，它可以做到：

1. 讓民間專家變主導者。
2. 讓每個人有權選擇自己想要效法的主導者。
3. 透過大數據分析，平臺清楚列出各種的理財排列組合。
4. 依照電腦分析，還可以因此找出自己的最適理財建議。

#賦權投資——社群交易

原本是個不懂投資的素人，在這個平臺上，我們可以從像 FB 的理財資訊流中，找到那些真的會理財的民間專家。至於為什麼確認他會理財，因為數字會說話，平臺上清楚秀出每個投資人的操作實績。

賦權投資——社群交易的應用，就是我們可以透過平臺的機制，將自己的資金完全複製那些專家的投資標的與操作模式！我們雖然是理財素人，但卻因為套用了「專家模式」，因此，我們

的獲利機會也變得增加了。

在臺灣目前沒有民間專屬公信力這樣子的平臺，倒是因為受到 FinTech 風潮刺激，許多銀行願意自己轉型，提升本身的理財多元性。

好比說元大投信推出「薪豐理財」，便是標榜為 FinTech 平臺，可以讓投資人透過機制進行自動化信封理財法，提升現金收益及管理策略，並且整合旗下產品線，推出多元化商品，提供存股族不同選擇。

但基本上，在現階段臺灣的 FinTech 包含法令以及技術面，尚有很大的待開發空間。

⑤ 機器人理財帶來新興的獲利

基本上，投資管理和市場資訊供應是息息相關的。

在原本的金融理財模式裡，這二者都是由金融機關提供，包括在現今大部分的人，我們的理財主導者都還是金融單位，錢該怎麼存？銀行告訴你，保險買什麼？保險公司告訴你，怎麼買賣股票，證券公司操作員幫你服務，未來的資金走勢、資訊圖表也是由相關金融機構或媒體提供。

然而，打破這樣的模式，靠的是因為科技進步所帶來的「替代性選擇」，但這樣的選擇，無論獲利率或者管理彈性，都勝過原本的金融機構，無怪乎金融理財業從業人員要變得人人自危，擔心不久的將來會失業了。

在未來的社會，FinTech 投資管理及市場資訊供應會變得更加重要，或者說，在某些國家，這些新興應用已經逐漸取代舊有模式。

其對金融機構的影響，第一，舊有的金融機構為因應時代轉變，會強迫自己升級，包含銀行要提供更加多元的服務，好比說賦權管理的應用是否可以列入，或者透過機器人理財，讓民眾可以有另一種理財選擇。第二，就是拱手讓出自己原本的版圖，好比說在中國，類似陸金所、支付寶這類的平臺，已經慢慢拿走原

本屬於銀行的市場。

甚至這類平臺已不是「新興平臺」,而是已經普及化,變成民間應用的常態平臺。

前一節簡單介紹了 FinTech 投資管理中的賦權投資與社群交易,這裡再來談談 FinTech 投資管理的另外兩大重點:機器人理財、新興平臺。

先來說新興平臺,前面介紹的諸多應用平臺,都是新興平臺。時光往回溯,久則五年前,近則這一、兩年才出現的,也就是若穿越時空回到六年前,大家根本聽都沒聽過這樣的平臺,也完全對這類的平臺沒任何概念,包括 FinTech 借貸、支付、保險、眾籌等等,都有很多新興平臺。

此外,隨著新興技術應用普及,每個人可以針對其有興趣的領域,找到相應的平臺,例如有人比較喜歡投資基金,有人比較愛買股票,有人則喜歡多元化投資組合,在未來都應該要有配合每個人理財習慣,因應而生的最適平臺。

除了前面各節介紹過的平臺,其他諸如全球最大的專業交易商 Interactive Brokers、固定收益商品平臺 ALGOMI、未公開發行股權交易平臺 LIQUITY 等的出現,都增加了民眾投資理財的選擇性,因為技術端的提升,降低了原本由金融機構主導,複雜

財務管理的進入障礙，讓個人投資者有更好的能力與權力來做決策。

　　接著來介紹兩個 FinTech 時代越來越重要的專有名詞：

#機器人理財

　　所謂機器人理財，不是說請機器人幫你理財。如果操作模式仍是舊有的觀念，那麼即使換機器人來和你接洽，也只是換湯不換藥。真正的機器人理財，指的是和「專人理財」相對的觀念。以前你買基金、做投資諮詢，洽詢的可能是銀行理專，銀行理專提供的服務不能說不好，但有以下四種缺點：

1.品格良莠不齊

　　不是以小人之心度君子之腹，但平心而論，人有百百種，理專也有百百種，其中不免有的人比較居心不良，只想賺你的佣金，不是全心為你服務。

2.專業參差不全

　　理專不一定都是經過專業金融培訓出來的，若不幸我們碰到不那麼專業的人，投資人只能自認倒楣。

3.權限上的限制

說句現實的，哪一個理專不受限於公司政策？例如他是甲公司的理專，當然不能介紹你乙公司的產品，就算明明知道乙公司商品較適合你也一樣。

4.資訊上的不足

就算退一萬步講，我們碰到一個最完美的理專，他誠心誠意為你服務，也具備很高的專業，甚至他可以開放心胸，就算是別家的產品也願意介紹給你，終究他還是受到一個很大的侷限，就是資訊的侷限。

當然我們不是說他只是靠人腦的記憶，現代人一定會借重電腦，但就算是電腦應用（好比說人人都可以上網查資料），若少了 FinTech 的大數據管理，他的資訊量仍是有限的，既然有限，就無法提供你最完善的服務。

因為以上的四大限制，機器人理財就更加的重要。所謂機器人理財，在此只得就是一種機制，基本上它會是一種應用軟體加上搭配的操作硬體的概念。例如以基金買賣來說，我們可以透過 FinTech 應用，和 FinTech 概念公司合作，裝上理財分析機器人機

制。

　　從前，我們買賣基金，要嘛請理專提供建議，要嘛我們自修分析財務趨勢，然後委託操作員下單，總之，要面對的是「人」。

　　但是透過機器人理財，我們面對的是機器，並且是背後有大數據分析、能夠做提供分析判斷模組給你的機器。當面對機器以及其提供的數據時，我們就可以選擇依照機器人的建議，或者乾脆設定某些條件讓機器人執行。

　　此外，這類機器人機制往往還有其他的優點，例如最常見的就是管理報表，原本一個人要面對五、六家證券公司做不同的操作，畢竟，在臺灣，買賣基金主要還是得透過證券公司。

　　但透過機器人理財，可以將不同的介面整合，一機在手，可以同時操控不同證券的買賣，情資一目了然，獲利多寡，也會即時得到有用的報表。

　　透過機器人理財，其特色有：

1.能夠做到客製化投資

　　張三、李四、王五每個人的理財模式不同，在從前都依附在金融機構，但機器人理財可以做到針對每個人情況做不同調整。

2.能提出實用的建議

所謂提供不是理專的那種「個人建議」，而是經過大數據演算法得出的數據。

3.可以做長期追蹤

市場訊息瞬息萬變，以一個凡人來說，可能無法面面俱到，但機器人理財卻可以，它可以定期追蹤市場狀況，適時提出警訊以及新的建議。

4.提供多元化選擇

機器人可以提供資訊，但決定權仍回歸給使用者本身。機器人不會死硬的只能做出一種建議，它會衡量規畫合適的策略及風險承受度，也懂得做適當的資產配置。

也就是說當我們有了機器人理財工具，我們的理財風險性降低，相對獲利率也會提高。

#加密貨幣

早期是從虛擬貨幣開始發展的，原本是在虛擬世界使用的。最早時候，約在 1990 年代，當線上遊戲開始逐漸流行的時候，

就開始有了虛擬貨幣。

　　那時候線上遊戲廠商賺錢的機制就是靠虛擬貨幣，當玩家們想要在遊戲中取得高等道具或使用遊戲中的交友或進階功能，就必須拿實體錢幣儲值，換取在虛擬世界的貨幣。

　　既然那麼早時候就出現應用機制了，也和一般人理財沒直接關係，所以看起來似乎和FinTech應用無關，然而為何提起FinTech科技也要提起虛擬貨幣呢？那是因為虛擬貨幣加入FinTech科技區塊鏈的技術，讓虛擬貨幣變身為加密貨幣讓未來的應用性更佳的寬廣。

　　目前世界上最知名的兩種加密貨幣，第一是比特幣，第二是乙太幣。在部分國家與商店，比特幣已經可以被當成支付貨幣，也被視為投資商品，當然在不同國家有不同的管理方式。

　　在美國，比特幣被商品期貨交易委員會歸類為類似黃金和石油的大宗商品；在歐洲，歐盟裁定比特幣在歐洲交易被視為一般貨幣，免付增值稅；但在臺灣，則法律尚不明朗。

　　目前在臺灣參與比特幣的人已越來越多，以筆者來說，我的投資項目也包括比特幣，只不過我是透過海外平臺來投資。很多人對於比特幣感到不放心，畢竟其和傳統國家發行的貨幣觀念不同，人們會擔心安全性。

實際上，比特幣本身的發明過程中，即針對安全性有了加強，在應用上，比特幣去中心化的特點，讓它的每一筆交易更動都必須要通過所有的「節點」同意，因此透明公開，難以竄改交易資料。

這也是結合 FinTech 的好處，特別是結合區塊鏈技術，以及各式各樣的 FinTech 資訊供應平臺，比特幣可以得到不同平臺的管理，帶給消費者保障，同時也因為大部分人仍未參與這個領域，我們可再次應用「資訊的落差，就是財富落差」這樣的概念，參與投資，帶來更大的獲利保障。

透過這幾章的說明，讓我們有了簡單的 FinTech 基礎概念。下面，我們要簡單介紹一些實務應用。

PART 3

運用科技讓你賺更多

第十章　讓自己取得 FinTech 入門卡

資訊就是力量。

遠古時代的戰爭，大家的兵器都是劍槍弓弩，步兵訓練也都是砍刺劈擋那幾招。當雙方戰士人數相當，兩軍交戰勝負的關鍵，往往就在於誰情報領先，誰就掌握優勢。不論是採取奇襲、做出最佳布陣，或者安排最利我方的戰場，少了情報，就算領軍的是神算諸葛亮也難以致勝。

兵戰如此，商戰更是如此，歷史上幾次京商、徽商精彩的鬥智，勝出不可或缺的關鍵，就是情報。放眼古今中外，各大創業首富，遠至春秋戰國的陶朱公，乃至近代的王永慶、郭台銘，他們創業初期仍抓住商機放手一搏，絕對也少不了情報戰這一環。

到了現代，網路如此盛行，地球任何公民在地表上露天的一舉一動，衛星都可以看得清清楚楚，加上尖端電腦科技，網路可以深入你的生活各個層面。此時戰爭更是在電腦終端機前決勝負，而非戰場刀兵血刃相見。在商場上，不說上市上櫃公司情資必須公開透明，就算一般企業，從老闆的生平、家庭、營運策略

到外遇八卦，以及公司產品在市場上被消費者如何評價，統統上網都找得到，就算只是你家街口的牛肉麵店，網路上都可能有滿滿的評論。

這是個缺乏隱私的時代，既然情報隨處可得，手機按幾個鍵就有了，那麼情報還有意義嗎？

情報當然有意義。

有沒有發現，同樣都連結到網際網路，但有的人就是能比你知道更多的訊息？

為何總是有人先一步嗅到市場脈動，率先推出新奇商品，等他賺一筆別人再跟進都已晚一步？

在金融市場上，明明兩個人的準備金都差不多，也都閱讀同樣的財經週刊，但年底結算，為何有人就是賺得比較多？

有時候你會懷疑，難道這世界上有兩種版本的網路，你用的是舊版的，那些賺大錢的人用的是新版的。

是這樣嗎？其實硬要分，還真可以分出兩種人。一種是懂 FinTech 應用的人，一種是不懂 FinTech 應用的人。前者擁有最先進的情報及工具，後者相對來說就處在落伍的時代。

你想成為前者還是後者呢？讓我們開始改變自己的生活型態吧！

⑤ 效率理財，代表效率人生

　　記得吧！作為幸福效率學的一個關鍵前提：「資源有限。」人類的生存時間有限，可以掌握的資源有限，卻要在短短七、八十年的生命歲月中，追求最大的快樂，獲致最大的影響。因此，幸福效率學就是要在「花同樣時間、同樣付出後，達到最大的效果。」

　　在我的第一本著作《一生幸福的人生企畫書》裡，提出許多的實務做法。現在，以理財領域來說，專注在「效率」這件事，我們要追求的就是兩件事：

1.相同的產品，選報酬高的

　　以最簡單的活存舉例，臺灣的銀行提供的商品從不計息 0%到高利活存 1%的都有，一樣放備用金在活存中，當然選利率最高、報酬最大的。

2.相同的報酬，選風險低的

　　臺灣投資人很喜歡配息的商品，但是這些商品的差異性卻很高，例如一樣是配息率 5%的商品，投資組合的內容可能不同，從 100%股票、股債平衡、債券，債券還分成不同的投資級別，

相當的多元。一樣的配息率，多數投資人都是希望風險可以低一點，本金的穩定度高一點。

　　花同樣的時間，要能突破，還是要打資訊戰，在現代，這資訊關鍵就是 FinTech。

　　在前面幾章已經介紹了基礎的 FinTech 知識，有的讀者可能要問，如果本身對電腦運作不很熟悉，更別說要寫程式那些的，這樣的我，可以融入 FinTech 知識嗎？

　　其實不用擔心，了解 FinTech 後，我們進入實務應用，要先瞭解的三大觀念：

1.FinTech 有著方便的介面，不會深奧難懂

　　在電腦剛問世的前十年，那些在五、六〇年代以前出生的人，往往都有電腦恐懼症，覺得這是「新時代的產物，我永遠搞不懂」。到了現代，就連銀髮族也多半懂得如何上網了。

　　一開始為何會自我設限覺得電腦很難呢？因為「想太多」了，以為要會寫程式才能用電腦，以為要懂很多術語才能用電腦。實際上，電腦是給人們方便做事用的，就好比我們不懂電路板、不懂無線電學，也可以每天收看電視啊！

　　事實上，一項科技，好比說一臺電視機，若功能太複雜了，

或家中安裝空調按鈕多到令人眼花撩亂，這樣的商品絕對很快就
會被淘汰，因為太不便民了。

同樣的，要使用 FinTech 科技，你不需要會寫程式才能使用，
你也不必要背熟各種術語才能應用。本書提到的包含大數據應
用、區塊鏈、P2P 平臺等術語，只要知道個大概就好了，就算你
最終還是搞不懂什麼叫區塊鏈，你還是一樣可以使用 FinTech。
這點請一定要牢記，不要讓自己還沒應用，就先為自己設限。

2.不要只看臺灣，要看世界

前面提過，為何兩人明明有著同樣的投資金額，但最後的報
酬差很多？關鍵在於情報，但他的情報和你的情報為何有差呢？
因為他的情報放眼世界，你的情報可能只侷限在臺灣。

也許有人會問，網際網路不是無遠弗屆嗎？我們在臺灣應該
也可以連上世界各國的網站啊！

重點是，「如何找出正確資訊」這件事，也需要情報。如果
你連需要找資訊這件事都不知道，又怎會去找資訊呢？就好比你
想買便宜的 LV 包包，可能上網找，但如果你根本沒聽過 LV 包包，
你就連找都不會找。

同樣的，FinTech 很多概念的資訊，在你還沒理解前，根本

連找都不會去找。如今，你知道許多 FinTech 新知了，很可惜的，我必須說，至少直到 2018 年，臺灣在這方面的應用與商品還是很慢。如果想要找這方面資訊，你在中文網站還是可以找到，但要懂進階應用，資訊還是非常少。

試著讓自己眼界拓展到海外，很多答案就會一一浮現。

3.關鍵在工具與平臺

我們要跟上潮流，讓自己藉由 FinTech 方式提升理財能力，但也不需要把這件事搞得很複雜。就好比早年剛有信用卡時，也許光聽原理就讓人霧煞煞，但實際使用時，就是把卡拿給店家再簽名就好。FinTech 各種應用，不需要懂很複雜的流程，重點還是抓住幾個關鍵平臺或工具。

舉一個簡單的例子，在臺灣也已經開始普及的第三方支付，許多人已經懂得開始消費時，拿著手機去刷一下就好。這難嗎？其實就跟刷悠遊卡一樣。同樣的，在其他的領域，包括 FinTech 存貸、FinTech 保險等等，也只需抓住對的平臺。了解規則後，就可以方便應用。

一旦了解以上三個觀念，那麼不要設限，讓自己趕快跟 FinTech 連結。

　　因為每個人的資源有限，我們必須善用投資理財工具。在臺灣雖然也已經金融現代化，並且 ATM 在大都會普及的程度，已到了幾乎每走幾步路就可以找到提款機。然而，提款機普及頂多代表著「領錢很方便」，對領錢這件事來說，的確很有效率。但在其他領域呢？如何資金流動？如何做理財抉擇？最重要的，如何讓自己的資金可以成長最快？這方面則有很大的改善空間。

　　我們需要的效率：

1.當手中擁有一筆錢的時候，可以讓這筆錢生出最多的錢嗎？

　　過往的模式，也是如今臺灣坊間書市介紹的模式，還是以獲利率及風險度交叉評估。活儲、定存、買基金是比較保守安全的模式，但可以說獲利很少，甚至就算看起來安全，還是可能得到負的報酬。股票、房地產則是最多人提倡的賺錢方法，但卻具有一定的風險性，另外還有變現不易的問題。

　　基本上，在臺灣要讓一筆錢生出更多的錢，總是不脫兩種侷限，不是工具太保守以至於賺不到錢，不然就是可能有高獲利率但同時伴隨著大風險。例如房地產投資曾經是很夯的投資標的，但在這幾年房市不再榮景，這樣的投資效應也變得有待評估了。

　　這都是不夠有效率的模式。

2. 當要做資金運用判斷時，我們可以有更快速確實的指引嗎？

所謂「指引」，一直以來都有的。只不過相對於 FinTech 應用時代的技術，過往的方式比較不科學，結果也常不如預期，若判斷錯誤，甚至帶來虧損，那就是非常沒效率。

過往的方式，最常見的就是透過書本以及講師，不論是股票投資或者房地產投資，甚或珠寶投資、骨董字畫投資，都有專家學者甚至電視名嘴出書或開課分享方法，到了現代還有網路視訊等等。然而，這也只是宣傳模式提升了，不叫做 FinTech，因為那只是把舊有的模式升級，但觀念沒變。

真正有效率的 FinTech，好比說透過機器人理財，應用大數據分析提出投資建議，或者購買保險時，具體分析每人的身體狀況，訂出不同的保費費率等等，更重要的，透過平臺這些資訊可以想要知道就立刻知道，只需打開手機按幾個鍵，「指引」就在你面前，這才叫效率。

3. 當發現更好的資金管道時，可以讓資金快速流動嗎？

效率是與時俱進的，古早的時候，上街購物需要用錢，就只能身上多帶點銀兩，如果要花的金額更大，就是換成銀票。至於位在某地的某甲要把錢轉到位在千里外的某乙，除了親自送去或

者寄信外，沒其他方法。

　　現代人的資金流動方便嗎？以存、提款來說還算方便，便利
商店就可以存錢、領錢。但如果既要兼顧花錢方便，又要顧及利
息呢？那就難以兼顧了。錢若放在可以生利息的地方，就代表著
要提領不方便，例如定存要先解約，購買黃金、房地產等更需要
變現。

　　最方便的方式就是活儲用提款卡或信用卡消費，但那樣的話
錢就不能生利息，甚至還要付利息。有更有效率的資金流通方法
嗎？有的，在 FinTech 模式下是可以的。

⑤ 開始進入實作狀態

現在，我們瞭解 FinTech 的重要，可以開始做這方面的理財了，要怎麼做呢？

由於臺灣在這方面的法規與應用發展仍落後其他國家，如果想要效率理財，建議讀者必須拓展視野，讓自己開始走向海外做理財。擔心英文不好嗎？擔心在國外沒有保障嗎？針對這兩個一般人常見的問題，我的建議作法如下：

一、先從可近距離加入的 FinTech 著手

當今世上 FinTech 發展最發達的是哪一個國家？答案不遠，答案就在對岸。中國已經是如今全世界 FinTech 應用走在最尖端的國家。當然，FinTech 包含許多部分，就以基本的六大領域來說，也許有的部分例如 FinTech 保險，歐美做得仍比較前面。但純以一般人常接觸到的個人理財領域來說，中國的確是走在世界最領先的。

中國非常特別的，進步是採跳躍式的，從前人們以為文明的發展要一步一步來，所以那時候會有一個錯誤認知，認為中國經濟發展永遠會跟在臺灣後面。當臺灣發展到 VHS 時，中國還只是傳統的電視，臺灣已經有冷氣機時，中國可能還只是電風扇。

如果亦步亦趨，可能永遠晚臺灣幾年甚至幾十年。但沒想到經濟發展是可以跳躍式的，不用 A → B → C，可以 A → C。例如在中國，從原始的 VHS 卡帶快速跳到現代化的網路視訊，從電風扇直接跳到分離式冷氣。甚至不只是 A → C，還可以 A → D。例如在金融領域就是如此，十幾二十年前，可能中國連信用卡都不普及，但現在直接跳過各種發展階段，進入 FinTech 階段。

因此讀者們若要讓自己更加能應用 FinTech 的各種最新工具，那麼在臺灣可能還找不到（至少截至 2018 年，臺灣除了 FinTech 支付有些進展外，其他都還遠遠落後），這時候可以加入對岸中國的理財工具，一樣可以享受 FinTech 的好處。

二、了解各種基本法規

的確，任何時代、任何新科技的開始，民眾最擔心的不是科技的應用能力，而是科技的防衛能力。例如網路購物剛開始起步時，大部分人會卻步，怕的就是網路交易不安全，包含個資被盜，或者付錢後拿不到貨等等。

事實上，直到現代這些問題仍存在，其他像是信用卡推出時也是如此，方便歸方便，但擔心被盜刷，擔心各種人謀不臧等等。

這些擔心無可厚非，也因為有這些擔心，所以各單位會積極研發各種做法，讓科技應用更安全。

FinTech 應用在一開始就注意到安全問題，關鍵就在於區塊鏈的應用，透過區塊鏈的技術，可以完全防治網路盜取資料，以及其他交易風險。但對民眾來說，要擔心還有一件事，那就是在海外交易，他們的交易會保障臺灣的民眾嗎？

關於這一點，基本上只有兩個可能。要嘛根本不能加入，就沒有安不安全的問題。只要被認可加入，那麼任何會員都會得到保障，不分國籍地區，因為這牽涉到的是品牌信譽，也就是說，當發生任何狀況，好比說中國的民眾可以得到怎樣的權益，那麼臺灣的民眾加入會員後，得到的權益也是一樣。

其他有關安全的問題，可能就不是技術問題，而是標的問題。例如以 P2P 平臺來說，大陸有成百上千個平臺，許多都沒有合法保障，當加入這些平臺，不論你是大陸民眾或臺灣民眾都一樣有風險。

另外還有匯率風險，例如臺灣民眾在中國投資獲利可以匯回臺灣嗎？基本上，以個別民眾來說，我們不像企業投資的是大金額，因此大部分都不用擔心這個問題。

FinTech 基本上是種應用，若要講實務運作，各家有各家的

做法。就好比在信用卡普及時，百家爭鳴，甲銀行推的卡可以加油打折、百貨公司優惠；乙銀行推的卡可以累積飛機里程數，每消費多少元還幫你捐去做慈善公益。

如果要寫一本介紹信用卡應用的書，可能要條列幾百種卡的用法，何況這些卡還會變。

同樣的，FinTech 應用更廣，光在中國，每一種應用都有好幾百種選擇，好比說 P2P 平臺，可能就可以一個個介紹，讓讀者看到暈頭轉向，都還是背不起來。

因此，本書不將重點擺在一個一個介紹「商品」，而是找出應用實務上的特色，讓讀者可以舉一反三。

有讀者可能問，我要參與 FinTech，需要準備多少錢呢？

這裡要告訴讀者，FinTech 不是有錢人才能參加的遊戲，而是人人都可以應用，就算你只有新臺幣 100 元，也可以投入 FinTech。

當然，資金越多，可以帶來的報酬就更可觀，這在任何理財項目皆然。我們以保守估計，就準備個臺幣十萬元做基礎吧！之後可以視情況再來加碼。

假定你手中已有這筆錢了，該如何開始呢？本書會以我本身投資操作做實例。

以「陸金所」為例，臺灣民眾要加入這個平臺，要先做兩個動作，開戶以及辦手機門號，在流程上，要先辦手機門號再開戶，因為開戶的必要流程之一，就是擁有中國手機門號。

1.擁有中國手機門號

提起辦門號，許多人就想到，這又要花一筆錢了不是嗎？在臺灣我們辦一個手機門號，就算一整個月都不打電話，也是要付一筆基本費。如果我們要申辦中國門號，平常又不用，不知道每月要繳的手機基本費能抵得過投資報酬嗎？如果我們透過 FinTech 理財，每月只賺幾百元，光手機月費就要破千元，不就倒賠了嗎？

的確，這是個問題，還好這個問題是可以解決的，中華電信已經有三合一服務，叫做中華電信環球卡，也就是辦一張卡，同時擁有三個門號，包含臺灣門號、中國門號以及香港門號，其只需在原本辦門號費用上額外再加 100 元，就可以取得。

也許讀者會問，我辦大陸門號只為了要使用 FinTech 嗎？這門號都用不到？其實除非你平常都只在臺灣活動，沒在中國經商，也沒有中國朋友，否則這門號還是用得到。即便真的沒用到，100 元應該也是負擔得起的費用。

若本身不是中華電信用戶，也還有其他方法，例如直接去中國申辦也都有辦法的。相信未來因應 FinTech 更加普及，會有更多的解決方案。

2.必須在中國開戶

這是最基本的，陸金所雖然是個民間金融機制，但在背後還是要結合整體的銀行金流體系。而所謂銀行體系，在此當然就是指中國的銀行體系。因此，臺灣民眾要想參與這個理財平臺，就一定要在中國擁有自己的帳戶。

開戶是一個單獨的學問，每家銀行有不同的規定，對於想要在大陸消費的民眾來說，唯有開戶才能擁有銀聯卡。但若我們平常人不在中國呢？為了使用中國的 FinTech 平臺，就一定要開戶。也許將來有一天，臺灣的 FinTech 也發展成熟了，再看看使用臺灣帳戶有沒有獲利比較高。

開戶也許各家銀行流程不同，但基本上會需要：

(1) 中國的手機門號

因為開戶要取得驗證碼，所以一定要辦中國的門號。

(2) 臺胞證

這也是基本的項目，如同在臺灣開戶要準備身分證，在中國，臺灣同胞開戶要準備的就是臺胞證。

由於臺海兩岸有繁簡體字問題，所以在登記時要確認無誤，否則會影響以後匯款的身分認證。

(3) 中華民國護照或身分證

這只是備查用的，不是主要必備的，但都大老遠跑去中國開戶了，就不要吝惜多準備保周全。

當然，仍有讀者會擔心，實際上開戶作業不是那麼簡單。關於這部分，目前在臺灣已有顧問公司諮詢中國銀行開設戶頭的業務，如果真的擔心，那就詢問這類的公司。

基本上，既然是在中國開戶，跑一趟中國是一定要的，也不用跑太遠，從臺灣跨海到珠海、福建、深圳都非常方便。這筆錢不能省，只要跑一趟，就可以讓往後好幾年都能享受 FinTech 的好處，這絕對是值得的。

建議的做法，不論是上班族或自營業老闆，無論是當日來回還是安排個幾天行程，整個費用應該只在一萬左右，旅行順便開戶。這樣嚴格算起來，就沒花多少成本，這筆錢絕對可以在未來

做 FinTech 理財後賺回來。

真的穩賺嗎？

世界上有穩賺的理財嗎？

有的，下一章就進入 FinTech 理財實務。

第十一章 如何應用 FinTech 賺報酬

效率不是開口說說，效率要能夠做實際驗證。

請各位讀者想想，在臺灣，若身上有十萬元的閒錢，你會怎麼做？

十萬元其實不多，要投資股票金額太少，買不到理想的標的，其他房地產更是連邊都沾不上。實在沒什麼可以投資的地方，又不甘心只放在銀行，這時候，有的人會做做私人放貸，或者參與朋友的投資專案，加入直銷體系，或者在朋友的公司參一個股份等等。但結果都是難預料，帶著很大的賭運氣成分。

然而這筆十萬元如果透過 FinTech 管道，卻「保證」每年可以帶來至少 8%的報酬，若周轉速度加快，並且透過利息投回本金，還能夠擴大利基，帶來更高的報酬。

請注意：

1. 我說的是「保證」，而不是「可能」。
2. 這筆收入不用像很多投資（例如投資型保單），要等好幾年才拿到，這筆收入是一年內保證可以拿到。

3. 在投資的過程中，我也可以保有一定的「隨時可取用」
    金額，重點是就算這筆類似「定存」性質的錢，也有利
    息可賺，其利率遠高過臺灣的定存商品。

透過 FinTech 要得到高報酬的方式很多，但這裡就以我親身
操作並持續運作的經歷作範例，和讀者說明。

$ 用 FinTech 借錢，賺更多錢

擁有新臺幣十萬元，這金額真的不多，但本書希望就連一般的小老百姓甚至學生族都可以參與，就以十萬元做例子吧！

在中國，運用 FinTech 平臺，包括存款生息、投資基金或買保單，都比臺灣有更高的投報率，但在此我選擇的是 FinTech 存貸，平臺則是陸金所。

選擇 FinTech 存貸，因為這件事可以非常貼近我們的生活，每天打開手機就可以「看到」自己的資金有多少。

選擇陸金所，不僅僅因為這是中國最安全、規模最大的 FinTech 平臺，也因為這平臺可以讓臺灣民眾參與。在中國，各種 FinTech 平臺雖多，但大部分臺灣民眾因為身分關係是難以參與的。

現在讓我們從加入陸金所開始吧！

如何加入陸金所

首先，當然你已經在中國擁有自己的銀行帳戶，在你手中也有一張銀聯卡與中國手機門號，這是加入的基本要件。

接著的作業流程都可以在線上進行，就算人在臺灣，也可以輕鬆透過手機上網操作。

1.如何加入會員

　　陸金所在中國是一個很大的 FinTech 平臺，我們進入陸金所官網，就可以看到有許許多多的理財選項。

　　當然，選項那麼多，前提你要是會員才可以使用，請照以下流程逐步加入會員。

圖片來源於陸金所，所有數據和圖表的更新截止日期為 2018/5/4。過去的業績並不能保證將來的結果，所有資訊不應視為投資建議或多空暗示，讀者須自行思考判斷。各種交易均有風險，請考慮承受能力。

2.開始做 FinTech 存貸

如今你已經正式成為陸金所的會員了，可以在此做投資理財，我要帶各位讀者參與的就是「網貸」的項目。

網貸，講白點，就是借錢給別人的意思。在臺灣，誰可以借錢給別人？主要就是銀行，這也是銀行獲利的主要方式，透過借錢賺利息。其他可以扮演借錢角色的有誰？包括當鋪、地下錢莊（或美名為民間借貸）、融資公司，另外當然你自己也可以借錢給別人，但對方會不會還就不保證了。

陸金所的網貸，簡單說就是一句話：

保證會收到錢的借貸。

讀者想想，這世界理財管道千千萬萬，有錢賺誰不要？重點就在於「保證」兩個字。例如我們在臺灣投資股票或基金，廣宣上都會出現一句話「投資有賺有賠，申購前請詳閱公開說明書」。

如果只賺不賠該多好？

是的，陸金所的 FinTech 存貸就是只賺不賠。

3.進入「網貸」──「慧盈安 e」

陸金所有很多的理財選項，活期、定期、網貸、基金……

中国平安 PING AN

中国平安财产保险股份有限公司
平安个人借款保证保险保险单

中国平安财产保险股份有限公司特签发本保单并同意按条款的约定向被保险人承担保险责任　　　　保单号：████████

投保人信息			
姓名	██		
证件类别	■ 身份证 □ 护照 □ 军官证 □ 其他证件	证件号码	████████
平台 ID	██		

保险明细	
平安个人借款保证保险金额	大写：壹拾捌万伍仟贰佰零捌圆柒角壹分 小写：185,208.71元
保险期间	自个人借款合同项下借款发放之日起，至清偿全部借款本息之日止
保费缴纳方式	每月按时缴纳

被保险人信息
详情参见附录：被保险人详细信息列表

保费			
每月保费率	0.76%	缴费日期	借款合同载明的还款日
每月保险费金额	大写：壹仟叁佰陆拾捌圆整 小写：1,368元		

特别约定
1. 保险合同成立前，保险人可以向投保人签发预保单或其他预承保凭证。投保人在预保单或其他预承保凭证载明的借款本金限额内，与出借人达成借款合同的，保险人应当依据《平安个人借款保证保险条款》承担保险责任。
2. 与投保人签署借款合同的自然人、金融机构或者小额贷款公司等出借人可作为本保险的被保险人。从前述被保险人处受让债权的自然人、法人、非法人主体等各类机构也可以作为本保险的被保险人。

圖片來源於陸金所，所有數據和圖表的更新截止日期為 2018/5/4。過去的業績並不能保證將來的結果，所有資訊不應視為投資建議或多空暗示，讀者須自行思考判斷。各種交易均有風險，請考慮承受能力。

　　「網貸」則獨立出來成個別成立一家「陸金服」，陸金服項目下的「慧盈安 e」產品，我們要做的，就是透過這個項目把錢

借給別人。那個「別人」可以是把十萬元全部借給一個人，或者把十萬元拆成兩次或三次，借給兩、三個人。

有人會問，我就連把錢借給自己的朋友都不放心了，現在怎麼要我把錢借給陌生人，並且還是海峽對岸的陌生人？

就如同字面上可以看到的，「慧盈」，說得一點也沒錯。讀者會問，這意思是指借款人百分百一定會還錢嗎？答案是：錯。的確投資有賺有賠，借錢的人不一定會還錢，這樣子為何「會贏」呢？

因為以貸方立場來說，百分百拿得到錢，所以叫會贏。

也就是說，就算借款人無力償還，放款的投資人還是可以拿到約定的本息。陸金所的機制，它的背後其實就是中國最大的保險金融集團平安保險，有這個金融集團的個人借款保證保險保單，就可以百分百保障貸方的權益，就算任何借方賴帳，平安保險會支付這筆錢。

事實上，當你選擇一個借貸標的，並在線上立下借貸合同的同時，你也會同時簽署一張保單，由借方擔任投保人，貸方則是被保人。如果借款人不能按時還款，也就是說超過八十天沒還

　　清，保險公司就進行理賠。賠什麼呢？不只賠本金喔！

　　保險公司會賠本金、賠未付利息、賠逾期罰息，有了這三賠，貸方完全不用擔心。這世界上到哪還能找到這樣的保障？在臺灣，我們買什麼投資產品都是沒有保證，頂多保本而已，但陸金所卻不只保本，還能保息。

　　至於借方不還錢怎麼辦？這已經不是我們需要擔心的事了。當你簽下借貸合同的當下，也同時簽下一張授權同意書，陸金所自會尋求自己的管道，去對債務人做催收。

　　我們只要安心的領取一定賺得到的 8.4% 報酬就好。

　　這樣你就知道，為何這是保證獲利的投資管道了吧！

保險理賠

1. 投保人拖欠任何一期借款达到80天（不含）以上，保险人依據保险合同约定向被保险人进行理赔。保险人理赔后，投保人需向保险人归还全部理赔款项和未付保费。从保险人理赔当日开始超过30天，投保人仍未向保险人归还上述全部款项的，则视为投保人违约。投保人需以尚欠全部款项为基数，从保险人理赔当日开始计算，按每日千分之一，向保险人缴纳违约金。

2. 本保险合同项下有多个被保险人的，投保人对任何一位被保险人的违约达到《平安个人借款保证保险条款》第四条的情形时，保险人即对全部被保险人承担保险责任。保险人对各被保险人的赔偿金额按照承担保险责任之时投保人对各被保险人的未还本金及欠付利息分别计算，并分别支付。

圖片來源於陸金所，所有數據和圖表的更新截止日期為 2018/5/4。過去的業績並不能保證將來的結果，所有資訊不應視為投資建議或多空暗示，讀者須自行思考判斷。各種交易均有風險，請考慮承受能力。

4.尋求借貸標的

　　當你成為陸金所的會員，開始享受借貸賺錢的好處後，很快你就會發現，你該擔心的不是利潤多少、有沒有安全保障等問

催收授权委托书

　　有效证件类型：台湾同胞来往内地通行证
有效证件号码：（ ■■■ ）
受托人：中国平安财产保险股份有限公司
法定代表人：

　　鉴于委托人作为出借人签署了《个人借款协议》（以下简称"借款协议"，协议编号：■■■■■■■■■），当借款协议中的借款人（以下简称"借款人"）获得委托人的全部借款后，委托人特此授权受托人及其授权代表可随时以手机短信、电话、信函、电子邮件或其他合法方式提醒并催告借款人履行还款义务。
　　委托人同意并确认：受托人有权将本委托书项下授权委托事项转委托。 授权期间：自借款协议项下的借款发放成功之日起至借款人的全部还款义务履行完毕之日至。

委托人：■■■■

委托人陆金服用户名：■■■■

日期：2018年03月08日

圖片來源於陸金所，所有數據和圖表的更新截止日期為 2018/5/4。過去的業績並不能保證將來的結果，所有資訊不應視為投資建議或多空暗示，讀者須自行思考判斷。各種交易均有風險，請考慮承受能力。

題，你真正要煩惱的是有錢借不出去。

　　為什麼呢？理由很簡單，既然這個管道「保證獲利」，那麼可想而知，只要手上有點錢的人，都願意來這上面找對象借錢出去，因此就會發生「大家搶著要把錢借別人」的現象。

　　但，也不用擔心。

1.　中國人口眾多，有十二億人口，自然源源不絕的有人有資金需求。

2.　透過 FinTech 媒介，我們可以時時追蹤借貸動態，可以

第一時間看到有借貸標的，就去參與。

3. 如果覺得自己太忙沒時間盯螢幕，這部分也可以委託專
   人代為管理代標與覆投，只需支付一點點手續費就好。

以下是借貸實際案例：

(1) 進入慧盈安 e 頁面

圖片來源於陸金所，所有數據和圖表的更新截止日期為 2018/5/4。過去的業績並不能保證將來的
結果，所有資訊不應視為投資建議或多空暗示，讀者須自行思考判斷。各種交易均有風險，請考
慮承受能力。

(2) 選擇你要的投報標的

圖片來源於陸金所，所有數據和圖表的更新截止日期為 2018/5/4。過去的業績並不能保證將來的結果，所有資訊不應視為投資建議或多空暗示，讀者須自行思考判斷。各種交易均有風險，請考慮承受能力。

(3) 點選確認你要的借貸對象以及借貸金額

項目介紹	借款人信息	預保單	投資記錄	常见问题	烧眉情况

基本信息

数据统计截止时间: 2018-03-07

姓名:

身份证号:

年龄:

性别: 女

工作性质: 商人

收入:

负债: …

借款用途: 经营性支出

证明文件

☑ 身份证

☑ 工作证明

本平台借款记录

借款笔数: 1

逾期次数: 0

逾期总金额: 0元

*仅指统计时点该借款人当前逾期的总次数和总金额

其他平台借款情况

…

信用信息

违约贷款笔数: …

违约贷款余额: …

违约贷记卡笔数: …

违约贷记卡余额: …

贷款近6个月最长逾期月份数: 0-3

贷记卡近6个月最长逾期月份数: 0-3

对外担保金额: …

对外担保状态: …

圖片來源於陸金所，所有數據和圖表的更新截止日期為 2018/5/4。過去的業績並不能保證將來的結果，所有資訊不應視為投資建議或多空暗示，讀者須自行思考判斷。各種交易均有風險，請考慮承受能力。

(4) 完成借貸合同

圖片來源於陸金所，所有數據和圖表的更新截止日期為 2018/5/4。過去的業績並不能保證將來的結果，所有資訊不應視為投資建議或多空暗示，讀者須自行思考判斷。各種交易均有風險，請考慮承受能力。

運用科技讓你賺更多

(5) 追蹤獲利進度

各期明細 | 慧盈-安e+

陆金所首页 > 我的账户 > 我的理财 > 投资详情 > 各期明细

注: 未收金额的收款日为预计日期，实际到账时间可能会延迟1～2日

期數	收款日	已收本金 (元)	已收利息 (元)	已收逾期罰息 (元)	已付信息服務費 (元)	未付信息服務費 (元)	已收金額 (元)	未收金額 (元)	備注
1	2018-04-09	0.00	0.00	0.00	0.00	-35.00	0.00	1,541.06	未收
2	2018-05-09	0.00	0.00	0.00	0.00	-34.14	0.00	1,541.91	未收
3	2018-06-09	0.00	0.00	0.00	0.00	-33.27	0.00	1,542.78	未收
4	2018-07-09	0.00	0.00	0.00	0.00	-32.40	0.00	1,543.65	未收
5	2018-08-09	0.00	0.00	0.00	0.00	-31.53	0.00	1,544.52	未收
6	2018-09-09	0.00	0.00	0.00	0.00	-30.64	0.00	1,545.41	未收
7	2018-10-09	0.00	0.00	0.00	0.00	-29.75	0.00	1,546.30	未收
8	2018-11-09	0.00	0.00	0.00	0.00	-28.86	0.00	1,547.19	未收
9	2018-12-09	0.00	0.00	0.00	0.00	-27.96	0.00	1,548.09	未收
10	2019-01-09	0.00	0.00	0.00	0.00	-27.05	0.00	1,549.00	未收
11	2019-02-09	0.00	0.00	0.00	0.00	-26.14	0.00	1,549.91	未收
12	2019-03-09	0.00	0.00	0.00	0.00	-25.22	0.00	1,550.83	未收
13	2019-04-09	0.00	0.00	0.00	0.00	-24.29	0.00	1,551.76	未收
14	2019-05-09	0.00	0.00	0.00	0.00	-23.36	0.00	1,552.69	未收
15	2019-06-09	0.00	0.00	0.00	0.00	-22.42	0.00	1,553.63	未收
16	2019-07-09	0.00	0.00	0.00	0.00	-21.47	0.00	1,554.59	未收
17	2019-08-09	0.00	0.00	0.00	0.00	-20.52	0.00	1,555.54	未收
18	2019-09-09	0.00	0.00	0.00	0.00	-19.56	0.00	1,556.49	未收
19	2019-10-09	0.00	0.00	0.00	0.00	-18.59	0.00	1,557.46	未收
20	2019-11-09	0.00	0.00	0.00	0.00	-17.62	0.00	1,558.43	未收

圖片來源於陸金所，所有數據和圖表的更新截止日期為 2018/5/4。過去的業績並不能保證將來的結果，所有資訊不應視為投資建議或多空暗示，讀者須自行思考判斷。各種交易均有風險，請考慮承受能力。

　　好啦！現在你已經把錢借給某個陌生人，依照合約，有清楚的借期以及利息計算，現在你只要等著錢「保證回收」就好。

个人借款协议

协议编号：▮▮▮▮▮▮▮▮

第一部分：借款明细

借款人				
姓名	▨▨▨	服用户名	▨▨▨ 身份证	▨▨▨
出借人				
姓名	▨▨▨	服用户名	▨▨▨ 台湾居民来往大陆通行证▨▨▨	
借款本金金额	人民币50000元			
大写	伍萬元			
借款用途	装修房屋	借款利率	8.40%/年	
借款放款日	2018年03月08日	最终到期日	2021年03月09日	
起息日	2018年03月09日	还款方式	每月等额本息	
还款日	每月09日	还款期数	36	
每月还款本息金额	人民币1576.06元			

注：上述借款明细中列明的借款放款日根据实际放款日进行调整（其他相关日期应相应调整）；借款利率、每月具体还款金额等可能因借款期数不同而发生变化。借款人、出借人委托上海陆金所互联网金融信息服务有限公司（以下简称"陆金服"）对相关金额进行计算，并在陆金服网站发布或更新具体的还款明细。上述还款明细中列明的每月还款金额若与陆金服发布或更新的还款明细不一致的，以陆金服在陆金服网站上发布或更新的还款明细为准。除上述应还金额外，借款人还需支付相关费用，具体金额以借款人与相关服务提供方签署的协议为准。

第二部分：个人借款通用条款

圖片來源於陸金所，所有數據和圖表的更新截止日期為 2018/5/4。過去的業績並不能保證將來的結果，所有資訊不應視為投資建議或多空暗示，讀者須自行思考判斷。各種交易均有風險，請考慮承受能力。

　　透過平臺，你可以追蹤你的資金現況，包括對方以還款多少、利息多少、下次還款日，也包括這個借方共有多少人借錢給他，他為何要借錢等等。好比說他可能要借人民幣十萬元用來做開店投資。這十萬元中，你借了他一萬元，其他另有五個人分別借他錢，加總共人民幣十萬元。至於還款，電腦系統會自動區隔不同貸方，分別計算個別的利率，一點都不會出差錯。

附錄：被保險人详细信息列表			
被保险人名称	[遮蔽]	承保比例	5.55%
被保险人名称	[遮蔽]	承保比例	27.77%
被保险人名称	[遮蔽]	承保比例	11.11%
被保险人名称	[遮蔽]	承保比例	55.55%

保险出单日期：2018 年 03 月 08 日
保险出单机构：中国平安财产保险股份有限公司四川分公司

中国平安财产保险股份有限公司
PING AN PROPERTY & CASUALTY
INSURANCE COMPANY OF CHINA, LTD.
保单专用章
SPECIAL SEAL FOR POLICY

圖片來源於陸金所，所有數據和圖表的更新截止日期為 2018/5/4。過去的業績並不能保證將來的結果，所有資訊不應視為投資建議或多空暗示，讀者須自行思考判斷。各種交易均有風險，請考慮承受能力。

　　基本上，一個案子要成交，要借到額度才能結案。例如某甲要借十萬元，但最後只借到九萬元，那麼這個案子就不會成交，其他已借到的九萬元會退還借款人。當然，在陸金所這樣的事不可能發生，因為如同前述，這種保證獲利的事人人趨之若鶩，只發生有錢沒標案，從來沒有發生有人想借錢，卻借不滿額度的。

⑤ 各種借貸平臺優劣

然而天底下沒有什麼事百分百完美的。

例如前面說的陸金所,透過慧盈安 e 投資穩賺的,但缺點就是因為商品太夯了,有時候手中有錢,標案卻被搶光借不出去。

當然讀者不要擔心,像陸金所提供 P2P 服務的平臺,在中國高達數千家以上。基本上,有錢絕對不用擔心無法借出去,只不過,沒有一家可以像陸金所這般,有中國最大的保險公司「平安保險」以借款保證保單保本保息。

不要擔心,這四千多個 P2P 平臺,雖然絕大部分的風險很高,甚至多半都不合法,但我們要的不多,我們其實只要找到前十大 P2P 平臺就好,或者更安全些,就找前五大吧!

然而讀者會問,怎麼知道哪家是屬於前幾大呢?在中國,已有這種具備公信力的中介機制,並且不只一家,以下介紹幾個知名的評鑑網站:

1.網貸天眼

這就是一家獨立評鑑機構。

圖片來源於網貸天眼，所有數據和圖表的更新截止日期為 2018/5/4。過去的業績並不能保證將來的結果，所有資訊不應視為投資建議或多空暗示，讀者須自行思考判斷。各種交易均有風險，請考慮承受能力。

2.網貸之家

發展排名	平台	發展指數	上線時間	所在城市	成交	人氣	合規	品牌	分散度	透明度	關注	對比
1	宜人貸	81.74	2012.07	北京 朝陽	93.22	85.94	94.56	87.35	94.39	66.79	关注	对比
2	人人貸	81.05	2010.10	北京 海淀	95.65	87.05	95.28	78.79	95.79	78.08	关注	对比
3	陆金服	80.66	2012.01	上海 浦东	99.04	96.39	95.06	74.98	94.14	67.16	关注	对比
4	点融	78.96	2013.03	上海 黄浦	71.78	61.64	92.63	91.46	94.07	79	关注	对比
5	微贷网	78.79	2011.07	浙江 杭州	87.36	81.96	88.35	77.62	93.8	80.33	关注	对比
6	团贷网	77.41 ↑1	2012.07	广东 东莞	77.35	78.14	86.51	80.48	94.85	85.76	关注	对比
7	拍拍贷	76.9 ↓1	2007.06	上海 浦东	86.07	73.86	84.4	85.38	95.43	55.96	关注	对比

圖片來源於網貸之家，所有數據和圖表的更新截止日期為 2018/5/4。過去的業績並不能保證將來的結果，所有資訊不應視為投資建議或多空暗示，讀者須自行思考判斷。各種交易均有風險，請考慮承受能力。

3.融 360

网贷平台评级 2018年05月04日更新　查看完整报告

声明：
1.本网贷评级结果仅供参考，不构成投资建议，本课题组不对投资者据此操作造成的损失承担后果；
2.评级参考的信息与数据不依赖网贷平台主动提供，且评级项目的所有经费由融360承担，凡以本课题组名义，以任何理由向被评级对取费用的行为均属违规行为，如发现类似情况可及时向我们举报，举报电话：(86-10) 82625755, academy@rong360.com。全

最新公告：
1.人人贷剥离P2P业务　2.玖富旗下债空理财陷续投风波　3.红岭创投卷入辉山乳业风险事

平台	评级	平均收益	上线时间	平台背景	人气指数	网友评价
陆金服	A	6.05%	2012-03-02	银行背景	100.0	85%好评 2286人评价
宜人贷	A	7.5%	2012-03-02	上市公司背景	95.0	77%好评 1325人评价
拍拍贷	A	13.47%	2007-06-18	VC/PE背景	80.0	66%好评 4196人评价
玖富普惠	A	8.02%	2014-01-10	VC/PE背景	90.0	68%好评 749人评价
人人贷	A	11.98%	2010-10-13	VC/PE背景	90.0	89%好评 2490人评价

圖片來源於融 360，所有數據和圖表的更新截止日期為 2018/5/4。過去的業績並不能保證將來的結果，所有資訊不應視為投資建議或多空暗示，讀者須自行思考判斷。各種交易均有風險，請考慮承受能力。

　　既然是常態的評鑑機構，所以排行一定會有所變動。但基本上，在這些評鑑上，有幾家 P2P 總是站在前幾名。

　　許多讀者會猜，陸金所（陸金服）這家公司既然是百分百穩賺，所以一定長期高居第一名吧！結果並不是，雖然排名會有漲跌，但以本書出版時最新的數據為例，陸金所平均來說只排行第二名。

　　以前 10 家 P2P 平臺來說，各有不同管理借款人風險與保證出借人（投資人）本息的方法，例如網貸評級平均排行第一的「宜人貸」，主要是使用「質量保障服務專款」，作為借款人違約時賠付給投資人本息的資金來源。

#質量保證服務專款的組成

　　根據宜人貸在網頁上的說明，「主要是根據在宜人貸平臺選擇質保服務的出借人所對應的借款人交納服務費的 30％作為質保服務費存入質保服務專戶，平臺將根據借款人按期交納服務費產生的現金流，在藉款存續期間分期繳存。」

　　而質保服務費則獨立託管於銀行中專款專用，當出借人存在平臺上的出借資金遭受損失時，平臺可以動用質保服務專款，向出借人支付，以在一定限度內補償投資人可能存在的本息損失。

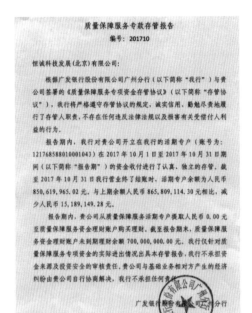

圖片來源於宜人貸，所有數據和圖表的更新截止日期為 2018/5/4。過去的業績並不能保證將來的結果，所有資訊不應視為投資建議或多空暗示，讀者須自行思考判斷。各種交易均有風險，請考慮承受能力。

保證保險

　　另外，2018 年 2 月 9 日，宜人貸也宣布，公司與中國人保財險（PICC P&C）簽訂三年合作協議，推出借款人履約保證保險。根據合作協議，PICC 為宜人貸撮合的借款。PICC 向借款人收取

運用科技讓你賺更多

保費，如果借款人出現違約，PICC 將根據協議約定，向出借人賠付逾期本金和參考利息。

以個人的投資經驗，宜人貸的投報率平均可以達到 10％，在過去有質保服務加上 2018 年推出的保證保險後，「到目前為止」是沒有出借人（投資人）虧損過，相較來說，陸金所投報率「只有」8.4％，但比較起來，宜人貸的確略勝一籌。

另一家排行在前五的「拍拍貸」，其實報酬率更高，扣除壞帳後平均達 12％以上，甚至還有個別標的投報更高的，但總體評比因風險不確定度的確較高，就只列在前五。

風險保障計划标准条款

（拍拍貸 1 号）

一、定义

除非上下文另有解释或文意另有所指，本計划中所使用的下列词语具有如下含义。

中合担保：指中合中小企业融资担保股份有限公司。设立本风险保障計划，按照风险保障計划文件的约定为参与本計划的借款提供风险保障。

拍拍貸平台：www.ppdai.com，包括以 APP 及其他电子形式提供的操作环境，由上海拍拍貸金融信息服务有限公司负责运营。

出借人：指通过拍拍貸平台自主选择出借一定数量资金给借款人的特定自然人。

借款人：指通过拍拍貸平台撮合获得资金的自然人、法人及其他组织。

《借款协议》：指出借人与借款人于拍拍貸平台上签署的《借款协议》。

《借出人注册协议》：指就拍拍貸平台为出借人提供网络借贷信息中介服务，由出借人与拍拍貸平台签署的服务协议。

《借款人注册协议》：指就拍拍貸平台为借款人提供网络借贷信息中介服务，由借款人与拍拍貸平台签署的服务协议。

风险保障費：由参与本計划的借款人按照风险保障計划文件的约定向风险保障金专项账户缴纳的，用于补偿参加本計划的借款人根据风险保障計划约定出借人如期对应的出借人付满百日赔款时的保障费用。借款人在缴纳风险保障费后应对应的出借人已获得本計划项下的赔款。借款人理解，借款人不再享有对风险保障费的任何其他权利和利益，所缴纳的费用不予退还。

服务費：中合担保依照本計划提供服务给向参与本計划的借款人收取的费用。

风险保障金专项账户：指与参与本計划的借款人对应的出借人的共同利益考虑，由中合担保在【招商银行上海分行】以 "风险保障計划" 名义单独开立一个用于专门存管

圖片來源於拍拍貸，所有數據和圖表的更新截止日期為 2018/5/4。過去的業績並不能保證將來的結果，所有資訊不應視為投資建議或多空暗示，讀者須自行思考判斷。各種交易均有風險，請考慮承受能力。

不論如何，以結果來看，目前這三家都是在中國數千個 P2P 平臺中相對安全的，也都成立了數年，甚至在美國上市。

以我的做法，單以 FinTech 存貸來說，我的配置比例是陸金所：宜人貸：拍拍貸＝ 5:3:2。也就是說，如果我投資十萬元在這個領域，那麼我有五萬元會用在陸金所，三萬元用在宜人貸，其餘兩萬元放在拍拍貸，除了分散風險，還可以平均網貸報酬率。

此外，有讀者會問，如果我急需用錢，難道都要等借貸合同到期嗎？其實不用，借貸是一種權益，這種權益是可以轉移的。例如你在陸金所有一張借貸合同，目前殘值包含利息還有多少，在陸金所的平臺也可以幫你計算的，你可以計算到今天為止，你可以拿多少錢，然後在平臺上獲利了解，今天就拿到你目前為止賺到的錢。

但一定有買方嗎？是的，但不用擔心，如同前面說的，陸金所的平臺非常夯，大家搶著要借錢給別人，一旦轉出，很快就有人搶著承接。

這三種 P2P 模式看似清楚，臺灣也可以比照辦理，但目前卻無法做到足夠的規模，這就是 FinTech 的特色，後面牽涉到複雜的大數據分析及龐大的資料庫，這部分是目前臺灣較為欠缺的。

因此要做 FinTech 存貸，趕快先去大陸開戶吧！

圖片來源於陸金服，所有數據和圖表的更新截止日期為 2018/5/4。過去的業績並不能保證將來的
結果，所有資訊不應視為投資建議或多空暗示，讀者須自行思考判斷。各種交易均有風險，請考
慮承受能力。

第十二章 讓你用錢更彈性更具獲利性

　　FinTech 重視的是效率，但一個 FinTech 平臺要如何做到更具
效率呢？不是靠速度，也不只是靠專業，而需靠「多元」。所謂
效率，就是我們進入一個平臺，不只可以做這件事，還可以做其
他很多事。時間就是金錢，人人都很忙，哪有空每做一件事就選
一個平臺？因此在二十一世紀，可以在金融理財上勝出的集團，
絕對都是靠多元取勝。

　　在臺灣，最好的例子就是 7-11。買同樣的東西，7-11 並沒有
比較便宜，樣式也沒比較多，也不像百貨公司有親切美麗的小姐
服務。但 7-11 卻在銷售市場上取得領先地位，原因就是 7-11 提
供很多服務，你半夜要買吃的、買文具、存提款、喝杯熱咖啡、
上網寫稿、拿包裹、影印文件、購買高鐵票……，穿著拖鞋走到
街角就可以搞定，方便甚至比價格更重要。

　　當然，在金融領域，不只方便還要獲利。不只獲利，還要有
「更多」獲利。這就是 FinTech，目前臺灣在這領域還有很多成
長空間，我們舉實際例子，還是以中國的 FinTech 為主。

⑤ 時時刻刻都在生利息

進入無紙化時代，你可以很有錢，但又一整天不用看到一張錢幣。

在臺灣電子支付也開始普及了，但使用的比率仍低，畢竟臺灣到處都有提款機，大部分地方，例如菜市場買菜或去逢甲夜市逛逛小市集，主要還是現金交易。此外，處在 FinTech 消費剛啟動的年代，在支付這一塊百家爭鳴，沒有哪家是獨大的。但臺灣的市場胃納那麼少，群雄爭逐目前尚不多的 FinTech 據點，於是，今天你可能去便利超商買東西要用甲支付工具，等一下去咖啡館又換乙支付工具，之後吃晚餐又得換丙支付工具，換來換去也是麻煩。

但不論如何，FinTech 已經是不可逆轉的趨勢，如同當年的信用卡出爐，到最終肯定會普及化，並且這一波的金融改革可能會更深入。當使用信用卡的年代，大家都使用信用卡，但仍有多數人是使用現金。將來正式進入 FinTech 時代，可能人人主力都是拿「手機」付款，甚至你要拿現金，有的單位都不收了。目前在中國就已有這種現象，許多大城市已經以 FinTech 支付為主，現金交易已是少數了。

使用手機支付，也就是第三方支付，至少有三大好處。

第一，有消費上的折扣；第二，不帶現金少了掉錢的風險；第三，若結合信用卡，還可以延後支付。

本書的重點是理財效率，談起效率學，這裡就談談當你在中國使用 FinTech 是多麼的方便。

還記得你已經在中國開戶了，你也擁有銀聯卡，以及在陸金所等不同 FinTech 平臺加入會員了。

當我們用錢會碰到一個問題，那就是短期用錢以及長期用錢的衝突問題。以十萬元為例，你全部放在活儲戶頭，要用就去 ATM 提款，很方便，若以 FinTech 應用來說，你在你的電子錢包放了十萬元，透過支付寶等工具，去哪消費都去「嗶！」一聲就好，很方便。但這十萬元就只為了消費，那就不是投資了。

若要投資，這十萬元應該拿去買股票、買基金，或者如同前一章所說的，可以拿去陸金所等 P2P 平臺，借錢給人家生息啊！

但看起來，消費與投資不能兩全其美，至少在臺灣就是如此，你可以把錢存在銀行戶頭，要用錢時再領出來，但存銀行的利息少得可憐，根本跟沒有差不多。

然而在中國，已經可以做到兩全其美了，其關鍵就在於平臺多元化，非常具有效率的連結。

還是以我常用的陸金所為例！

假定你手中有十萬元，因為你人在臺灣，平常不會去中國買東西，你可能把十萬元全部出借做為投資人，但錢借出去有利息，利息放哪裡？可以錢滾錢持續借出去，但若暫時不借出去，而想把利息先放著，因為你下個月想去中國旅行，你想活用這筆錢，可以嗎？當然可以，並且這筆錢是有「利息可賺的」。

讓我們來說明這個流程吧！

1.先在實體銀行開戶

要加入中國的 FinTech，這一步驟是必要的。

2.將錢轉入陸金所的暫存戶

陸金所其實本身不直接經手錢，那是銀行業務，任何賺到的錢，最終還是要進入銀行體系，所以陸金所（以及其他的 P2P 平臺）都要跟實體銀行合作。

假定你現在要在「慧盈安 e」借錢給人，這時候你就要把銀行裡的錢轉到陸金所的暫存戶，只有如此，你在陸金所的戶頭才算有錢，才能進行後續交易。當然，在這暫存戶是沒有利息的，它只是個轉介機制，而這個過程並不複雜，在手機上只要按幾個鍵就可以把錢轉過來。

其實以專業術語來說，就是「充值」，在臺灣有數百萬線上

遊戲玩家，相信他們很容易理解這個概念，就是你玩一個遊戲，
要充值擁有一定的錢才能在線上買裝備，參加特殊任務等等，陸
金所以及其他 P2P 平臺也是這個概念。

3.使用陸金寶

錢放在銀行利息很少，且不能活用，但錢充值到陸金所，接
著轉到穩盈安 e 則變成另一種理財模式，為何說 FinTech 有短期
理財模式呢？答案就在「陸金寶」。

簡單說，陸金寶就如同一個放在手機裡可以隨時帶在身上的

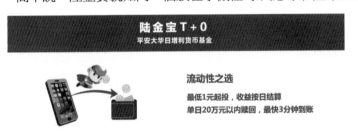

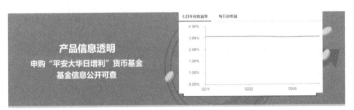

圖片來源於陸金所，所有數據和圖表的更新截止日期為 2018/5/12。過去的業績並不能保證將來
的結果，所有資訊不應視為投資建議或多空暗示，讀者須自行思考判斷。各種交易均有風險，請
考慮承受能力。

　　錢包，只不過這個錢包是有利息的。

　　是的，你只是把錢帶在身上，光這樣就有利息可拿，是不是很有效率？

　　陸金寶的利息在 2018 年 5 月是 4%，假設我們要去大陸旅行，身上要有一筆錢，這筆錢就可以存在陸金寶裡。需要用錢的時候，從陸金寶取現最快只要 3 分鐘，錢就可以到銀行端，這時就可以做支付的動作。不用錢的時候，錢躺在陸金寶裡還會越變越大。這利息是浮動的，不一定是 4%，但比起在臺灣，錢帶身上不可能生息，這個工具已經好多了。

4.轉換方便

　　FinTech 的關鍵是資訊以及效率，陸金所為何是有效率的？因為其可以在不同的機制間快速轉換。

　　假定你在慧盈安 e 有一筆借款，剛好就在今天到期。老實說，對忙碌的現代人來說，可能你自己都不記得這件事了。但沒關係，你不記得，陸金所的軟體卻記得，此時就會有線上機制提醒你。甚至你正在忙沒空上陸金所，陸金所的軟體還會主動幫你把錢轉去陸金寶。

　　多體貼啊！主動幫你賺錢。那筆錢被轉入陸金寶後，4%利

陆金宝T+0 数据来源: 平安大华基金 数据日期: 2018-03-12　　　　　产品介绍

总金额 (元)　　　　可用金额 (元)　　　　冻结金额 (元)　　　　累计收益(元)　七日年化收益率
7,008.94　　　7,008.94　　　0.00　　　213.95　　4.12%
申购　赎回　　　　　　　　　　　　明细　　　　　　　每万份收益(元)
　　　　　　　　　　　　　　　　　　　　　　　　　　　1.1273

自动赚　　余额自动申购陆金宝T+0　　　　　　　　　　　　　　　　关闭
　　　　　自动保留待还款 (若您有待还款, 系统将自动保留需要还款的金额在帐户余额) 设置

圖片來源於陸金所，所有數據和圖表的更新截止日期為 2018/5/12。過去的業績並不能保證將來的結果，所有資訊不應視為投資建議或多空暗示，讀者須自行思考判斷。各種交易均有風險，請考慮承受能力。

息開始生效，等到哪天你決定要把這筆錢轉去投資其他的存貸、基金、保險等等，只要按幾個鍵，錢就可以快速流到另一個產品。

　　當然，陸金所不是一開始就那麼自動，前提還是要經過你授權。當我們加入陸金所的時候，在簽約時就會問，將來若有餘額要不要自動開通陸金寶？基本上沒有人不願意的。這是一次授權，終身使用，只要當初你同意授權，之後每次帳戶有餘額，錢就主動轉到陸金寶幫你生息。

5.不同寶寶的轉換——從陸金寶到支付寶

　　在中國，提起第三方支付，最出名的還是「支付寶」，在中國幾乎人手一機都包含支付寶，其有一個相應的活儲工具，叫做

「餘額寶」，在中國使用率很高。

　　如果你現在因為使用陸金所 FinTech，主要用的是陸金寶，怎麼辦呢？其實一點問題都沒有，要轉換還是很方便的，你只要在你的手機上，安裝這兩種平臺，真正有需要的時候，幾個鍵就可轉一筆金額到你的支付寶，屆時你就可以在中國 Shopping 了。

　　當然，在手機上操作很簡單，檯面下的流程其實複雜些，然而在 FinTech 科技下，再複雜也變得簡單。

　　以陸金所轉換到支付寶為例，假定今天你收到一筆利息：

(1) 這筆利息依照你事先約定，被轉入陸金寶。

(2) 你從陸金寶取現放到你的約定的銀聯帳戶。

(3) 支付寶就可以從銀聯帳戶充值或消費扣款支付。

　　是不是？消費 easy，投資 easy，賺錢也 easy ！

⑤ 其他的 FinTech 實務應用

　　本書主要針對的是一般個人，如果是企業的應用，可能動輒百萬、千萬，就有其他的 FinTech 理財以及營運方式。

　　以個人來說，我們追求的就是個人的財務增加，希望這些財富可以帶給我們幸福。因為人壽有限，透過 FinTech，我們可以用最短的時間賺最多錢。

　　各位想想，假定你手中有新臺幣 100 萬元，你要如何處置？在臺灣，你做什麼都好像不安穩，但如果拿來中國，好比說投入陸金所，就保證一年內有至少 7、8 萬元的利息。

　　若以退休規畫來說，假定你 60 歲退休，之後想過安養天年的日子，也不想冒太大風險。很簡單，只要你在 60 歲錢存夠 1000 萬元（這個目標應該不是難事，就算對上班族來說，存一輩子也可以存 1000 萬元），接著當你退休沒有收入時，把這筆錢投入像是陸金所這樣的平臺，年利保證可賺 7 到 8%。

　　想想，1000 萬元保本，每年光利息就「保證」至少 70 萬元。70 萬元多嗎？依照統計數據，在臺灣，大部分上班族年收入都還達不到這數字呢！因此靠每年 70 萬元來養老，絕對綽綽有餘。

　　當然，這裡只是舉出其中一個投資方式，這也是我常態性處理閒錢的方式。若讀者有興趣做更多的 FinTech 應用，這裡也舉

出幾個方法：

1、FinTech 眾籌

單單以眾籌來說，這是 FinTech 六大領域中，臺灣算發展的比較跟得上世界潮流的部分。

這裡我要介紹的眾籌範例，是「綠點能創」。

綠點能創，臺灣的再生能源互聯網新創公司，為了使民眾能以低門檻方式參與「太陽能電廠投資」，成立了臺灣第一家太陽能群眾募資平臺「陽光伏特家」，以 Green FinTech 的方式重新轉化太陽能投資的產品結構，提供投資者長期且穩定報酬回流率，以及資訊更加透明化的平臺，邀請有意實踐綠能生活的民眾共同成為「電廠合夥人」。

為什麼綠點能創的商業模式包含了 Green FinTech（綠化的金融科技）？

FinTech 的概念不難理解，只要是透過網路、數位化、軟體等功能驅動金融體系的新服務與產品，就是金融科技。而金融科技不侷限於銀行服務的革新，也能將其他產業、應用及技術併入金融體系中，共同發展出新的金融商品。而 Green FinTech 就是指綠能產業已併入金融科技體系，無論是綠色債券、永續能源共

享，群眾募資都不難看出金融體系開始發展「綠化」的新商業模式，而綠點能創看準這樣的趨勢，認為臺灣政府推出的太陽能躉售政策中，市場動能不足的可能原因來自投資金額高、供電穩定性等，因此研發出可以透過進入門檻低的「群眾募資」方式，結合太陽能的「金融商品屬性」，在陽光伏特家這樣的「再生能源互聯網」，使民眾成為電廠合夥人，達成綠能共享、穩定報酬的新投資循環。

在「陽光伏特家」平臺上有許多已結案、募資中、待開案的電廠，這次要介紹的是「擔仔六號」的專案。

臺南擔仔六號

地點：臺南市西港區

案場形式：電子工廠

內部報酬率：6.29％

台南擔仔六號　　本戶屋頂評估共架設1694片高效能太陽光電模組，每片容量為295瓦，系統總裝置約499.73kWp。　　　　　募資開始

擔仔六號
台南市・西港區

15,160 元/片　　太陽能板單片售價
413 片/剩餘片數　　本專案共有 1694 片
6.29 %　　　　　內部報酬率
　　　　　開賣日期2018/04/16 13:00
287 人　　購買人數
1,330 元　　預估平均年收益
10 年　　預計回收年間
120 期　　電費支付

直接購買

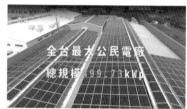

圖片來源於陽光伏特家，所有數據和圖表的更新截止日期為 2018/5/4。過去的業績並不能保證將來的結果，所有資訊不應視為投資建議或多空暗示，讀者須自行思考判斷。各種交易均有風險，請考慮承受能力。

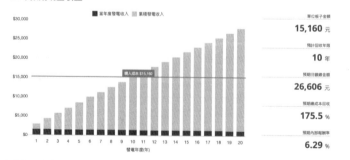

圖片來源於陽光伏特家，所有數據和圖表的更新截止日期為 2018/5/4。過去的業績並不能保證將來的結果，所有資訊不應視為投資建議或多空暗示，讀者須自行思考判斷。各種交易均有風險，請考慮承受能力。

預估進度

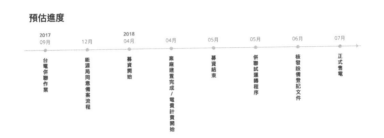

2017 09月	12月	2018 04月	04月	05月	05月	06月	07月
台電併聯作業	能源局同意備案流程	募資開始	案廠建置完成／電費計費開始	募資結束	併聯試運轉程序	核發設備登記文件	正式售電

陽光伏特家　太陽能售電預估財務資訊　地點 台南市

參數資訊

0.295	KWp	每片太陽能板發電量
3.61	kWh/kWp.day	平均有效日照時數 (註1)
0.7	%	衰退率
4.8111	NTD/kWh	售電單價
8	% 售電金額	租金
1.40 0.45	%太陽能板售價	O&M/保險 (註2)
15,160	NTD	太陽能板售價

附註

1. 參照業界經驗。
2. 保險金額為每年浮動調整。
3. 此表僅為財務試算不保證收益

預估現金流量 (註3)

年期	現金流量	累積流量	年期	現金流量	累積流量
0	-15,160	-15,160	11	1,323	32
1	1,440	-13,720	12	1,312	1,344
2	1,428	-12,292	13	1,301	2,645
3	1,416	-10,876	14	1,290	3,935
4	1,404	-9,472	15	1,279	5,214
5	1,392	-8,079	16	1,268	6,482
6	1,381	-6,699	17	1,257	7,739
7	1,369	-5,330	18	1,246	8,985
8	1,357	-3,972	19	1,236	10,221
9	1,346	-2,626	20	1,225	11,446
10	1,335	-1,292			累計投報率 75.50%

其他預估財務指標

項目	值	折現率
NPV	4,796	3%
PI	1.32	
IRR	6.29%	

其他資訊

項目	值	單位
模組數量	1,694	片
總投資額	499,730	kWp
平均營電	616467	度/年

一至十年售電現金流預估

	第一年	第二年	第三年	第四年	第五年	第六年	第七年	第八年	第九年	第十年
發電量	389	386	383	381	378	375	373	370	367	365
賣電收入	1,870	1,857	1,844	1,831	1,818	1,806	1,793	1,780	1,768	1,756
營運維護費	212	212	212	212	212	212	212	212	212	212
保險	68	68	68	68	68	68	68	68	68	68
屋頂租金	150	149	148	146	145	144	143	142	141	140
收益	1,440	1,428	1,416	1,404	1,392	1,381	1,369	1,357	1,346	1,335

十一至二十年現金流預估

	第十一年	第十二年	第十三年	第十四年	第十五年	第十六年	第十七年	第十八年	第十九年	第二十年
發電量	362	360	357	355	352	350	347	345	343	340
賣電收入	1,743	1,731	1,719	1,707	1,695	1,683	1,671	1,660	1,648	1,636
營運維護費	212	212	212	212	212	212	212	212	212	212
保險	68	68	68	68	68	68	68	68	68	68
屋頂租金	139	138	138	137	136	135	134	133	132	131
收益	1,323	1,312	1,301	1,290	1,279	1,268	1,257	1,246	1,238	1,225

圖片來源於陽光伏特家，所有數據和圖表的更新截止日期為 2018/5/4。過去的業績並不能保證將來的結果，所有資訊不應視為投資建議或多空暗示，讀者須自行思考判斷。各種交易均有風險，請考慮承受能力。

台南擔仔五號
臺南市仁德區

本案場位於臺南市仁德區，建物形式為五金工廠，本於屋頂評估共架設630片高效能太陽光電模組，每片容量為280瓦，系統總容量約176.40 kWp。

- 630 /630 片 可購買
- 1,208 元/片 均每關年省品
- 120 期 電費支付
- 0 人 已經購買
- 11 年 預計回本年期
- 13,860 元 每斤價格

已募集 0%　　剩下 一 天

6.2%
預估內部報酬率

[專案開放購買時通過知我]

(f) 分享

建置單位

- 此案之系統建置商為加州能源科技有限公司。
- 加州能源科技有限公司從事太陽能系統相關工程已經超過三十年。
- 施工隊伍資格包含有甲、乙種電匠、太陽能合格安裝人員、室內配線技術士、用電設備檢驗技術士、工業配線技術士、勞工安全管理人及防火管理人等各項專業技術人才。

系統設置計畫

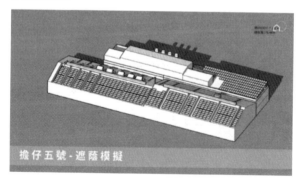

擔仔五號 - 遮蔭模擬

圖片來源於陽光伏特家，所有數據和圖表的更新截止日期為 2018/5/4。過去的業績並不能保證將來的結果，所有資訊不應視為投資建議或多空暗示，讀者須自行思考判斷。各種交易均有風險，請考慮承受能力。

房屋租賃契約

出　租　人：▨▨▨▨▨▨▨ （以下簡稱"甲方"）

立契約書人 承　租　人：▨▨▨ （以下簡稱"乙方"）

茲因乙方向甲方租用建築屋頂建置直流太陽光電發電系統，經雙方協議立房屋租賃條款如下，以資共同遵循：

第一條 租賃標的（房屋所在地及使用範圍）

(一) 下述建物屋頂之使用範圍（包括且不限屋頂結構面或平台），並及於使用太陽光電發電設備 176.4 （坪）並及週邊設施（以下簡稱「太陽能發電系統」）與台電電網連接之室理設置電接之土地。

　(1) 房屋門牌：台南市仁德區▨▨▨
　(2) 土地坐落：台南市仁德區▨▨▨
　(3) 建物建號：台南市仁德區▨▨▨
　(4) 所有權人：▨▨▨▨
　(5) 租設面積：建物屋頂約　　平方公尺

(二) 甲方確認本租賃標的目前並無任何改建或新的規劃，即使日後有改建的新規劃者，甲方在此擔保本約繼續存在，乙方仍有權繼續使用租賃物。

(三) 本約簽定前，甲方如已就租賃標的之建物或土地設定抵押權，於將來抵押權人實行的抵押權時前，甲方應盡力協助乙方與抵押權人進行協商，以確保乙方於本合約之之租賃權益，不致受到影響。

(四) 租賃標的物，如因更正、分割或重測等，坐標示有變更時，甲方應辦變更登記結果通知乙方且增補記載於本約。

第二條 租賃期間

(一) 租賃起始日期：租賃期間為雙方正式簽約日暨太陽能發電系統商業運轉日起算至某至二十年屆滿為止。

(二) 解除條件：甲乙雙方合意如乙方於本約的後一年內未能取得經濟部能源局同意核准備查函，則本租的無條件自動解除，雙方且不負賠償任或任何義務。

三井住友海上集團
明台產物保險股份有限公司
MSIG

明台產物電子設備綜合保險單

保險單號碼：0813-05EEP00173
要保人　：綠點施享有限公司

被保險人　：綠點施享有限公司

★擔仔五號建置中，此以擔仔一號之條件預估
實際金額以保險公司實際計算為準

圖片來源於陽光伏特家，所有數據和圖表的更新截止日期為 2018/5/4。過去的業績並不能保證將來的結果，所有資訊不應視為投資建議或多空暗示，讀者須自行思考判斷。各種交易均有風險，請考慮承受能力。

太陽能售電財務資訊　地點 台南市

參數資訊

值	單位	說明
0.28	KWp	每片太陽能板發電量
3.60	kWh/kWp.day	平均有效日照時數 (註1)
0.7	%	衰電率
4.7236	NTD/kWh	售電單價 (高效加成)
10	%售電金額	租金
1.40　0.45	%太陽能板售價	O&M/保險 (註2)
13,860	NTD	太陽能板售價

附註
1. 參照業界經驗
2. 保險金額為每年浮動調整
3. 此表僅為財務試算不保證收益

預估現金流量

年數	現金流量	累積流量	年數	現金流量	累積流量
0	-13,860	-13,860	11	1,202	-64
1	1,308	-12,552	12	1,191	1,127
2	1,297	-11,255	13	1,181	2,308
3	1,286	-9,969	14	1,171	3,480
4	1,275	-8,694	15	1,161	4,641
5	1,264	-7,430	16	1,151	5,792
6	1,254	-6,176	17	1,141	6,934
7	1,243	-4,933	18	1,132	8,066
8	1,233	-3,700	19	1,122	9,187
9	1,222	-2,478	20	1,112	10,300
10	1,212	-1,266	累計投報率	74.31%	

其他預估財務指標

項目	值	折現率
NPV	4,262	3%
PI	1.31	
IRR	6.20%	

其他資訊

項目	值	單位
模組數量	630	片
總設置量	176.400	kWp
平均發電	217.004	度/年

一至十年售電現金流量預估

	第一年	第二年	第三年	第四年	第五年	第六年	第七年	第八年	第九年	第十年
發電量	366	365	363	360	358	355	353	350	348	345
賣電收入	1,738	1,726	1,714	1,702	1,690	1,678	1,666	1,655	1,643	1,631
營繕維護費	194	194	194	194	194	194	194	194	194	194
保險	62	62	62	62	62	62	62	62	62	62
屋頂租金	174	173	171	170	169	168	167	165	164	163
收益	1,308	1,297	1,286	1,275	1,264	1,254	1,243	1,233	1,222	1,212

十一至二十年現金流量預估

	第十一年	第十二年	第十三年	第十四年	第十五年	第十六年	第十七年	第十八年	第十九年	第二十年
發電量	343	341	338	336	333	331	329	327	324	322
賣電收入	1,620	1,609	1,597	1,586	1,575	1,564	1,553	1,542	1,532	1,521
營繕維護費	194	194	194	194	194	194	194	194	194	194
保險	62	62	62	62	62	62	62	62	62	62
屋頂租金	161	161	160	159	158	156	155	154	153	152
收益	1,202	1,191	1,181	1,171	1,161	1,151	1,141	1,132	1,122	1,112

圖片來源於陽光伏特家，所有數據和圖表的更新截止日期為 2018/5/4。過去的業績並不能保證將來的結果，所有資訊不應視為投資建議或多空暗示，讀者須自行思考判斷。各種交易均有風險，請考慮承受能力。

　　「陽光伏特家」是臺灣第一個太陽能群募平臺，群眾可以個別認購單片或一定數量的太陽能板，一起完成某個專案的集資。

　　一般眾籌擔心投資後透明度太低，但陽光伏特家的透明度很高，以臺南擔仔五號這個專案為例，從場地、空拍影片、建物形式、建制單位、設置計畫模擬示意、預估進度、20 年預期收益、各項費用……全都做得很清楚，讓投資人可以放心。相關合約從屋頂出租同意書、保險合約、到財務收入規畫表，都相當完整。

　　低碳能源是國際共同趨勢，透過陽光伏特家的眾籌設計，讓投資者可以兼顧投資收益與環保，確實是不錯的投資方向。

2、FinTech 賦權與社交投資

　　前面我曾介紹過，我透過 FinTech 借貸獲取每年「保證」的獲利，以陸金所的慧盈安 e 來說，獲利率 7％以上，單純就投資面來說，這種投資是比較安全的，但相對來說，報酬率不夠高。

　　如果想要獲得更高的報酬，但需要承擔投資風險，那有什麼可以推薦的？這裡我要使用的平臺是「eToro」。

　　這樣的平臺臺灣目前並沒有，選擇 eToro，不但因為這是世界知名的社交投資平臺，也因為這個平臺有中文介面方便使用。

　　如同前面曾介紹過的，所謂賦權投資就是「賦予權力讓別人幫你投資」，但這裡指的不是委託操作，如果是委託操作，那只是傳統模式，不算 FinTech。在 FinTech 模式，以 eToro 為例，在這個平臺，我們不只投資金融商品，並且還「展示」出來。

　　也就是說，這是一個「公開」的平臺，你可以「開放」讓別人看到你的投資組合以及投資獲利，你有多少本事，在此平臺都可以被看得一清二楚。問題是，好好的投資幹嘛要被人「看見」呢？這就是賦權投資的關鍵。

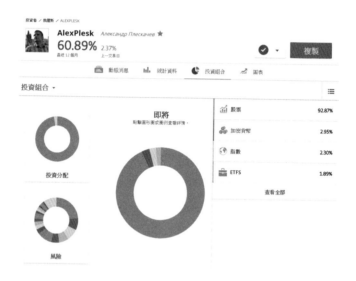

圖片來源於 eToro，所有數據和圖表的更新截止日期為 2018/5/12。過去的業績並不能保證將來的結果，所有資訊不應視為投資建議或多空暗示，讀者須自行思考判斷。各種交易均有風險，請考慮承受能力。

　　以 eToro 來說，我們可能只是個小人物，投入的資金也不多，因此在平臺上的績效，可能不太有人有興趣，但重點是，在這平臺上卻有投資高手，他的投資方式也是公開的，我們不但可以清楚看到這個人的投資標的以及獲利多少，並且還可以「跟著他做」。

　　所謂賦權，在此的意思，他投資什麼我們就跟著投資什麼，

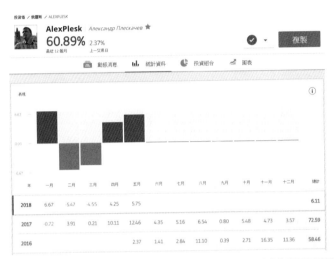

圖片來源於 eToro，所有數據和圖表的更新截止日期為 2018/5/12。過去的業績並不能保證將來的結果，所有資訊不應視為投資建議或多空暗示，讀者須自行思考判斷。各種交易均有風險，請考慮承受能力。

其意義就等同於他幫我們操作，只不過我們不是真的委託他這個人做，而是透過 FinTech 機器，我們被設定可以跟著他做。

當我們認定某個投資高手，年度績效很穩定，我們想跟他一樣，eToro 有個「複製」機制，你只要點選這個高手，之後你的投資理財，就跟著那個人走。

假定他投資 100 萬元，有 20％買 ETF、40％買加密貨幣、40％買股票，我們之後也會跟他一樣。當然，我們不一定金額

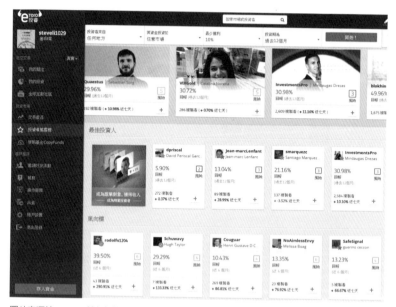

圖片來源於 eToro，所有數據和圖表的更新截止日期為 2018/5/12。過去的業績並不能保證將來的結果，所有資訊不應視為投資建議或多空暗示，讀者須自行思考判斷。各種交易均有風險，請考慮承受能力。

和他相同，好比說我們只投十萬元，那麼就一樣把這十萬元的 20％買基金、40％買比特幣、40％買其他金融商品，不但買的比例一樣，買的內容也一模一樣。例如他買某某國家的某檔基金或股票，我們就也是買這檔基金或股票。到了下個月，他獲利 40％，跟著他的你也同樣可以獲利 40％，因為你賦權跟隨他。

　　但這樣的資訊要自己搜尋嗎？不用，FinTech 自然在科技上

有其便利性。在 eToro 平臺上,已經以排行榜的形式,列出操作
的獲利的排名了,你只要點選就可以看到這些人的投資組合,然
後跟著他。

圖片來源於 eToro,所有數據和圖表的更新截止日期為 2018/5/12。過去的業績並不能保證將來的
結果,所有資訊不應視為投資建議或多空暗示,讀者須自行思考判斷。各種交易均有風險,請考
慮承受能力。

　　除此之外,eToro 也有透過大數據 AI 機器人設計出的投資組
合,推薦各種投資模式,例如結合 A 與 B 與 C 的投資,變成一

個投資組合，結合 E 與 F 與 G，又是另一種投資組合。這些組合還會經過大數據演算，例如某種組合報酬率略低，但低風險，適合個性比較保守的人。或某種投資組合非常富挑戰性，但報酬率高達 50%，適合個性比較愛冒險的人等等。

eToro 有清楚的個人投資管理機制，且可以觀摩許多優秀投資人的投資方法。此外，由於跨國的性質，在這樣平臺可以買到的投資標的，當然比在臺灣選擇性多很多，並且有匯率換算上的優惠，包括比特幣的買賣，其手續也比較低。

目前我透過 eToro 平臺做理財的報酬率，遠遠高過於在陸金所的 P2P 借貸，當然基於安全保本的觀念，我放在 P2P 借貸平臺的金額遠高於放在 eToro 平臺，每個人的風險屬性不同，每個產品可以用不同的資產比例做配置。

結語 懂得應用新科技，就跑在大家前面

　　這是一個持續的進行式，也就是說，當此刻我在寫這段文字的時候，有可能 FinTech 科技又發展到一個新的階段。

　　臺灣在這方面的發展比較慢，因此，若以後起直追的角度來看，也許書出版後的一、兩年內，臺灣的 FinTech 又有新風貌，若以整個世界來看，當然隨著科技的發展，大環境又會有截然不同的境界。

　　臺灣的確在 FinTech 領域發展比較慢，例如以現今在中國大陸已經成為常態支付方式的電子支付，目前在臺灣應用比率仍不到 40％，就在 2018 年，金管會主委顧立雄表示，希望在 2025 年將臺灣的電子支付使用率提升到 90％。這時間差竟然還需要 7 年。

　　其他的 FinTech 領域，臺灣發展也有待急起直追，例如在 FinTech 保險領域，2017 年 10 月金管會也才剛表示「未來」會開放保險業可在第三方網路平臺辦理網路投保等措施，屆時在網路平臺如 PChome、Yahoo 等網站，在先申請保經代公司執照和網

路投保業務後，即可於第三方網站銷售保單，如車險、旅遊不便險等。的確，很多事都還在「規畫中」。

然而，為何要出這本書呢？因為儘管科技一直發展，但大部分人仍像另一個世界的人般，被這樣的資訊所隔絕著，也許等有那麼一天，這些科技非常普及了，他們也會知道，但是「資訊的落差，就是成敗的關鍵」，如果永遠處在後知後覺的狀態，永遠追在時勢後面跑，永遠會成為科技發展的弱者。

就好比信用卡剛推出時，即便知道信用卡後續還有很多發展，仍可以先針對此時此刻的發展狀況，以及在可以預料的未來範圍內、可能的技術特性做說明，這樣，原本不懂信用卡的民眾知道可以透過信用卡做很多的理財，例如集點省購物成本，以及透過信用卡利率計算的差距，賺取一定資金的流動優勢等等。

同樣的，FinTech 是個正在發展的金融趨勢，發展沒有一個期限，每天每月都可能有新的研發應用出現，身為理財達人，我想要做的不是等「發展完畢」再來分享，那就太晚了。我不想寫歷史，我想要做的是協助每位讀者可以或多或少成為幸福的理財贏家。

如果在原本的認知中，可以理財的模式就是那麼幾種，像是股票、房地產、基金、保險等等，那麼透過本書可以知道，原來

把錢投資在海外，透過網路就輕鬆地賺到比傳統投資多很多，甚至也更安全的理財。

況且，許多的理財觀念也許從前想都沒想過，就好比說，若穿越時空回到臺灣剛光復的年代，那時代的人完全沒有概念，不知道什麼叫 ATM，就算是超級天才，也絕不會有一點點有關這方面的知識，因為那已經超越時代的想像了。

如今，很多科技是已經在發生中，但很多人完全不知道，我覺得這是另一種形式的貧窮。因此，繼上一本書《一生幸福的人生企畫書》後，本書繼續以「幸福」的概念，從理財面來介紹 FinTech。

本書不是 FinTech 字典，也不是 FinTech 實務操作手冊，本書只是基於讓每個人更幸福的概念，因為懂理財可以過更豐富充實的生活而撰寫。

希望讀完本書的每位朋友，從此刻開始，可以重新思考理財的新模式，你不用讓自己被舊有的框框綁住，不需要只能在高報酬但也高風險的股票，以及低風險但低報酬的定存等有限模式中理財，也不需要暗自嘆息，看到那些企業家們怎麼那麼會賺錢，我們平民永遠追不上。

只要懂 FinTech，不需要到成為專家，只要懂得一些基本的

應用就好，就算是懂一點點，也可以對自己的生活有所改善。

也許每月獲利多一點，也許每月理財方式方便一點，也許整個人視野開拓一點。無論如何，這都是好事。

誠心希望每個閱讀本書的朋友，能夠將所學具體應用到理財生活中。

可以試著將投資到海外的平臺，當然也可以參與臺灣一些發展中的平臺。如果有關於 FinTech 投資相關的問題，也歡迎透過以下平臺，和我聯絡。

http://steveli03.blogspot.tw/

均富革命

財富管理達人李紹鋒教你用 FinTech 小錢致富

作　　　者／李紹鋒
美 術 編 輯／孤獨船長工作室
責 任 編 輯／許典春
企畫選書人／賈俊國

總 編 輯／賈俊國
副 總 編 輯／蘇士尹
編　　　輯／高懿萩
行 銷 企 畫／張莉榮・廖可筠・蕭羽猜

發 　 行 　 人／何飛鵬
出　　　版／布克文化出版事業部
　　　　　　臺北市中山區民生東路二段 141 號 8 樓
　　　　　　電話：(02)2500-7008 傳真：(02)2502-7676
　　　　　　Email：sbooker.service@cite.com.tw
發　　　行／英屬蓋曼群島商家庭傳媒股份有限公司城邦分公司
　　　　　　臺北市中山區民生東路二段 141 號 2 樓
　　　　　　書虫客服服務專線：（02）2500-7718；2500-7719
　　　　　　24 小時傳真專線：（02）2500-1990；2500-1991
　　　　　　劃撥帳號：19863813；戶名：書虫股份有限公司
　　　　　　讀者服務信箱：service@readingclub.com.tw
香港發行所／城邦（香港）出版集團有限公司
　　　　　　香港灣仔駱克道 193 號東超商業中心 1 樓
　　　　　　電話：+852-2508-6231 傳真：+852-2578-9337
　　　　　　Email：hkcite@biznetvigator.com
馬新發行所／城邦（馬新）出版集團 Cité (M) Sdn. Bhd.
　　　　　　41, Jalan Radin Anum, Bandar Baru Sri Petaling,
　　　　　　57000 Kuala Lumpur, Malaysia
　　　　　　電話：+603-9057-8822 傳真：+603-9057-6622
　　　　　　Email：cite@cite.com.my
印　　　刷／韋懋實業有限公司
初　　　版／2018 年（民 107）9 月
售　　　價／300 元
I S B N／978-957-9699-38-9